Robin Behr

Funktion und Bedeutung von Berufseignungstests

IGEL Verlag

Robin Behr

Funktion und Bedeutung von Berufseignungstests

1. Auflage 2008 | ISBN: 978-3-86815-052-0

© IGEL Verlag GmbH , 2008. Alle Rechte vorbehalten.

Die Deutsche Bibliothek verzeichnet diesen Titel in der Deutschen Nationalbibliografie. Bibliografische Daten sind unter http://dnb.ddb.de verfügbar.

Dieses Fachbuch wurde nach bestem Wissen und mit größtmöglicher Sorgfalt erstellt. Im Hinblick auf das Produkthaftungsgesetz weisen Autoren und Verlag darauf hin, dass inhaltliche Fehler und Änderungen nach Drucklegung dennoch nicht auszuschließen sind. Aus diesem Grund übernehmen Verlag und Autoren keine Haftung und Gewährleistung. Alle Angaben erfolgen ohne Gewähr.

IGEL Verlag

Inhaltsverzeichnis

	Abbildungsverzeichnis	IV
1.	Einleitung	1
2.	Theoretische Grundlagen	3
2.1.	„Berufsorientierung", „Berufswahl" und „Berufswahlvorbereitung"	3
2.2.	Aufgabe und Einfluss der Schule bei der Berufsorientierung und Berufswahl	6
2.3.	Berufswahlmodelle	13
2.3.1.	Berufswahl als Zuweisungsprozess	14
2.3.2.	Berufswahl als Entwicklungsprozess	14
2.3.3.	Berufswahl als Lernprozess	17
2.3.4.	Berufswahl als Matching-Prozes	17
2.3.5.	Berufswahl als Entscheidungsprozess	18
2.3.6.	Das ordnende Rahmenmodell nach Bußhof (Beispiel eines integrativen Modells)	20
3.	**Berufseignungstests**	**23**
3.1.	Einführende Informationen über Berufseignungstests	23
3.2.	Die Geschichte und Entwicklung der Berufseignungsdiagnostik	28
3.3.	Gütekriterien für psychologische (Berufseignungs-)Tests	30
3.4.	Die Qualität von Auswahlverfahren	33
3.5.	Die rechtliche Situation von Berufseinstellungstests	35
3.6.	Kritik an Berufseignungstests	37
3.7.	Der Lehrplan Arbeitslehre im Hinblick auf „Berufswahl" und "Berufseignungstests"	38
3.8.	Marktübersicht von „Berufseignungstests"	41
3.8.1.	Orientierungstests	41
3.8.2.	Das Berufswahlkonzept „MACH´S RICHTIG" (Bundesagentur für Arbeit)	43
3.8.3.	Der Berufseignungstest „EXPLORIX"	50
3.8.4.	Der Berufseignungstest des „GEVA-INSTITUT"	52
3.8.5.	Berufseignungstests im Internet	54
3.9.	Kategorisierung/Unterscheidungsmerkmale von Berufseignungstests	61
3.10.	Bearbeitungsregeln bei Einstellungstests	64
3.11.	Der „psychologische Dienst" der Bundesagentur für Arbeit und seine „Berufswahltests"	65
4.	**Berufseignungstests als Unterrichtsgegenstand der Arbeitslehre**	**70**
4.1.	Berufseignungstests in Form von „Orientierungstests" als Unterrichtsgegenstand	71

4.2.	Berufseignungstests in Form von „Einstellungstests" als Unterrichtsgegenstand	75
5.	**Unterrichtseinheit zum Thema „Berufseignungstests"**	**87**
5.1.	Bedingungsanalyse	87
5.2.	Ablaufplan	92
5.3.	Anhang zur Unterrichtseinheit	98
Literaturverzeichnis		**108**
Anhang		**111**

Danksagung

Bedanken möchte ich mich besonders bei meinem Referenten Herrn Rolf Thiel für seine umfassende Beratung und Betreuung dieser Arbeit.

Ebenso gilt mein Dank meinem Co-Referent für seine Begleitung.

Allen Professoren und Lehrbeauftragten, sowie allen sonstigen Mitarbeitern der Johann Wolfgang Goethe-Universität Frankfurt am Main gilt mein Dank für die gute Ausbildung, die mir dort zuteil wurde.

Auch möchte ich mich bei der Agentur für Arbeit in Frankfurt für ihre Unterstützung und Hilfe bedanken, speziell Frau Moolenaar, Leiterin des „psychologischen Dienstes".

Weiterhin danke ich meinen Eltern, die mir diese Ausbildung ermöglichen, und mir immer helfend mit Rat und Tat zur Seite gestanden haben. Danke.

Vorbemerkung

Aus Gründen der Lesbarkeit steht in dieser Arbeit die benutzte männliche Form auch stellvertretend für die weibliche Form.

Ich bitte hierfür um Ihr Verständnis.

Abbildungsverzeichnis

Abb. 1:	Studien- und Berufwahl	4
Abb. 2:	Einflüsse auf die Berufswahl	9
Abb. 3:	Erfolgsversprechende Methoden und Arbeitsweisen aus der Sicht der Berufberatung	12
Abb. 4:	Verfahren zur Bewerberauswahl laut Studie des „Instituts der Deutschen Wirtschaft" (Prozentangaben treffen zu, Doppelnennungen sind möglich)	13
Abb. 5:	Berufswahlmotive nach Lebensalter	16
Abb. 6:	Rahmenmodell zur Erklärung der Berufswahl	21
Abb. 7:	Konkrete Berufsziele der Abgangsklassen der SEK I	73
Abb. 8:	Pläne und Realisierungen von Hauptschülern im letzten Schuljahr (2004)	74

1. Einleitung

Berufseignungstests sind eine wichtige Maßnahme, um Schülern in der kritischen postpubertären Phase Orientierung zu geben bezüglich ihrer existenziellen Berufswahlentscheidung. Sie finden Verwendung bei Berufsberatern, im Berufs-Informations-Zentrum der Agentur für Arbeit oder auch in Form von Auswahl-, Einstellungstests bei Unternehmen oder deren Assessment-Centern, um die Eignung der Bewerber für zu besetzende Stellen oder Ausbildungsplätze zu prüfen. Sie geben so einerseits Orientierung für die Berufswahl vor der Berufswahlentscheidung und können andererseits auch konkret Basis für den Erhalt einer Ausbildungs- oder Arbeitsstelle sein. Sie leiten demnach zur Selbstreflexion an über eigene Interessen, Stärken und Schwächen oder schaffen auch Voraussetzung für den Eintritt ins Berufsleben. Es existiert eine breite Anzahl verschiedener Instrumente für derartige Eignungstests, die sich je nach Einsatzgebiet unterscheiden.

Neben den kostenfreien Angeboten gibt es eine Vielzahl von privaten, kommerziellen Anbietern, welche Berufseignungstests entwickelt haben und diese wirtschaftlich vermarkten, um Berufseinsteigern bei ihrer Berufswahl zu helfen. Es gibt spezielle Bücher mit verschiedenen Testverfahren und auch Webseiten-Angebote im Internet. Diese sollen jungen Menschen helfen, sich für einen bestimmten Beruf oder die für sie geeignete Berufsausbildung zu entscheiden. Vielen jungen Menschen, speziell Schülern, begegnen Berufseignungstests zum ersten Mal im Rahmen des Schulunterrichts.

Doch nicht in jeder Schule werden diese Testverfahren durchgeführt. Was sagt der Arbeitslehre-Lehrplan zu diesen Verfahren? Ist die Durchführung von Berufseignungstests im (Arbeitslehre-)Unterricht sinnvoll? Was sind Stärken, Schwächen dieser Verfahren und wo liegen ihre Grenzen? Sollen diese Tests Gegenstand des Unterrichts sein und durchgeführt werden oder soll lediglich darüber gesprochen und reflektiert werden? Was ist deren Bedeutung und Funktion für den Arbeitslehreunterricht? Die Tatsache, dass Berufseignungstests von vielen Schülern und Fachleuten kritisiert werden, stellt die Frage nach deren Objektivität und Relevanz für die Berufsplanung der Jugendlichen in der Praxis.

Diesen Fragen wird in der vorliegenden Untersuchung nachgegangen. Hauptfokus der Arbeit ist es die Funktion und Bedeutung von

Berufseignungstests als Gegenstand des Arbeitslehreunterrichts herauszuarbeiten und zu analysieren.

2. Theoretische Grundlagen

2.1. „Berufsorientierung", „Berufswahl" und „Berufswahlvorbereitung"

„Berufsorientierung" ist in Deutschland Aufgabe der Berufsberatung der Arbeitsagentur und der allgemeinbildenden Schulen. Entsprechende Maßnahmen haben das Ziel, Berufswähler dazu zu befähigen, eine weitgehend rational begründete und selbstständige Berufsentscheidung zu treffen. Diese Fähigkeit wird auch „Berufswahlkompetenz" genannt.[1]

Die *„Berufswahl"* bezeichnet alltagssprachig den Prozess der Sozialisation und Identitätsfindung der Jugendlichen. Gleichwohl hat sie das Ziel, die jungen Menschen in das System der arbeitsteilig organisierten Gesellschaft einzugliedern.[2]

Unter *„Berufswahlvorbereitung"* versteht man „alle Interaktionen zwischen Jugendlichen und den Personen, die ihnen helfen, das Berufswahlverhalten zu verbessern und sie bei ihrer Entscheidungsfindung und Entscheidungsumsetzung zu unterstützen."[3]

Die Berufswahl eines jungen Menschen ist ein Prozess, welcher von vielen verschiedenen Faktoren abhängig ist, welche untereinander wiederum verflochten sind. Die Schule ist in diesem vielschichtigen Prozess nur ein Teilaspekt und ihr Einfluss sollte nicht überschätzt werden. Die folgende Grafik macht dies deutlich:

---

[1] Vgl. Dedering, H.: Arbeitsorientierte Bildung. Baltmannsweiler: Schneider Verlag Hohengehren. 2004. S.155
[2] Vgl. Schober, K.: Berufswahlverhalten. In: Kahsnitz, Ropohl, Schmid: Handbuch der Arbeitslehre. München: Oldenbourg Verlag. 1997. S.104
[3] Siehe Bundesanstalt für Arbeit. Handbuch zur Berufswahlvorbereitung, Ausgabe 1992. Nürnberg. 1992. S.3

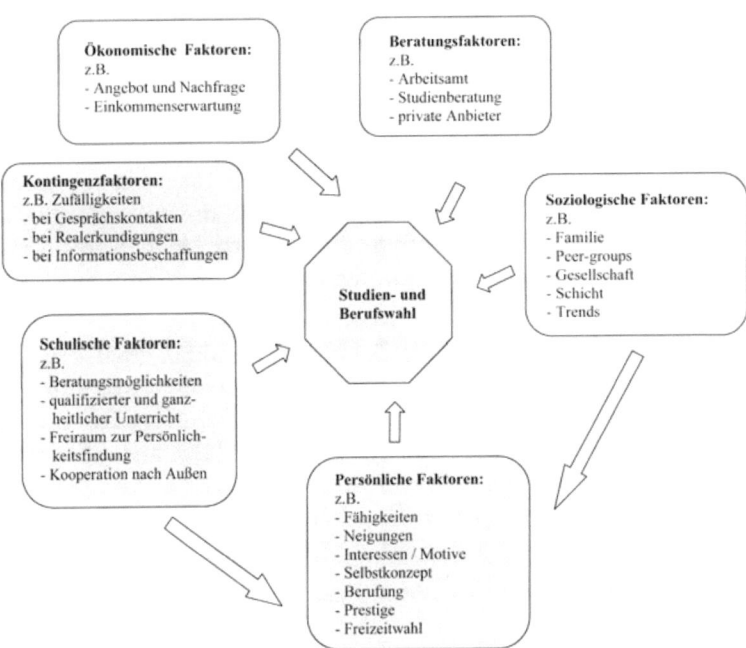

Abb. 1: Studien- und Berufwahl[4]

Die Berufsentscheidung hängt zum einen von mehreren Beratungsfaktoren ab, welche der Berufswähler in Anspruch nimmt, z.B. durch Berufsberater beim Arbeitsamt, private Berufsberater und auch die Schule. Hinzu kommen soziologische Einflüsse, z. B. die eigene Familie oder Freunde. Neben den ökonomischen Faktoren wie Angebot und Nachfrage in Bezug auf Ausbildungsstellen und die jeweiligen Verdienstmöglichkeiten, spielen die persönlichen Faktoren des Schulabgängers zweifelsohne auch eine bedeutsame Rolle. Diese sind u. a. die Fähigkeiten, Neigungen und Interessen, welche eine Person mit sich bringt und wozu sie sich berufen fühlt (siehe Abb. 1).

Der Begriff „Berufswahl" ist etwas unpassend gewählt, da die Schüler in der Realität des Ausbildungsmarktes nur eingeschränkt die „Wahl" haben. Oftmals wird auch die Entscheidung einer Berufswahl als ein Druck empfunden, der von der Gesellschaft ausgeht. In der Alltagssprache ist der Begriff „Berufswahl" auf die letzten ein

---

[4] Siehe Staatsinstitut für Schulqualität und Bildungsforschung. Beruf und Studium-BuS. München. 2005. Kapitel 3, S.8

bis zwei Jahre vor der Schulentlassung eingegrenzt. Das Phänomen Berufswahl ist aber ein stetiger „Lernprozess", welcher durch eine fortdauernde Auseinandersetzung mit den eigenen Fähigkeiten und Interessen, Wertorientierungen und Lebensentwürfen der Jugendlichen zu jedem Alterszeitpunkt gekennzeichnet ist. Sie zieht sich über eine große Zeitspanne hinweg und muss auch als solche betrachtet werden. Dabei muss der Jugendliche die Anforderungen, Chancen und Risiken der Berufe und Arbeitsmärkte in Betracht ziehen, um letztendlich eine Berufswahlentscheidung zu treffen.

Der Begriff „Berufsfindungsprozess" wäre treffender da es sich meist nicht um einen einmaligen Entscheidungsakt handelt, sondern in der Regel mehrere Stationen wie Schullaufbahn, Ausbildungs-, Studiengänge und auch Fortbildungen durchlebt werden bis ein passender Beruf gefunden wird.[5] Man beachte dabei auch den aktuell in Mode gekommenen Begriff des „lebenslangen Lernens" der immer mehr der Berufsrealität entspricht.

Verschiedene Berufswahlmodelle mit ihren unterschiedlichen Erklärungsansätzen werden im Verlauf dieser Untersuchung an späterer Stelle erläutert.

Neben dieser „individuellen Perspektive" erfüllt die Berufswahl auch „gesellschaftliche Aufgaben". Dies sind vor allem die Sozialisation und Integration der Jugendlichen in unsere Gesellschaft, wie auch die Funktion der Qualifikation und Allokation der Berufswähler.[6]

Karen Schober schätzt in diesem Zusammenhang den individuellen Nutzen institutioneller Berufswahlhilfen wie die Schule oder professionelle Berufsberater als relativ gering ein. Berufsvorstellungen entstehen demnach schon recht früh durch das soziale und familiäre Umfeld, in dem sich der Jugendliche befindet. Pädagogen und Berater hätten zuerst einmal keinen direkten Einfluss auf die Berufswünsche der Jugendlichen. Allerdings haben Lehrer und Berufsberater durchaus die Chance zu kompetenten Helfern in der Entscheidung für einen Beruf zu werden. Sie können die „festgesetzten" Berufswünsche auf ihre Realisierbarkeit prüfen, ergänzen, erweitern und korrigieren. Auch wenn sie angeblich keinen großen Einfluss auf die direkte Berufsentscheidung der Schüler haben, werden sie

---

[5] Vgl. Schober, K.: Berufswahlverhalten. In: Kahsnitz, Ropohl, Schmid: Handbuch der Arbeitslehre. München: Oldenbourg Verlag. 1997. S.104, 105
[6] Vgl. ebd. S.104, 105

durchaus als kompetente Gesprächspartner wahrgenommen.[7] Inwieweit die Schule (und speziell Berufseignungstests) Bedeutung für die Berufswahl haben und Einfluss nehmen, wird im Verlauf der Untersuchung erörtert.

2.2. Aufgabe und Einfluss der Schule bei der Berufsorientierung und Berufswahl

Die *Berufsorientierung* von Jugendlichen ist zum einen Aufgabe der Arbeitsagentur und ihrer Berufsberatung, und zum anderen Aufgabe der Institution Schule. Der „Deutsche Ausschuss" stellte 1964 mit Beginn der Bildungsreform die schulische Berufsorientierung in seinem Hauptschulgutachten in den umfassenden Begründungszusammenhang des Unterrichtsfaches Arbeitslehre. Die Berufswahlvorbereitung wurde damals noch wenig konkret bestimmt.[8] Die „Empfehlungen der Kultusministerkonferenz (im Folgenden: „KMK") zur Hauptschule" im Jahre 1969 sahen das Fach Arbeitslehre als ein eigenständiges Unterrichtsfach mit „Hinführung zur Berufswahl" vor, in dem „auf der Grundlage praktischen Tuns und theoretischer Durchdringung" sowie in Betriebserkundungen und Betriebspraktika eine „Orientierung über Berufsfelder, Berufsgruppen und Berufe" ermöglicht werden soll, die „am Ende der 9. Klasse zu einer revidierbaren Berufsfeldentscheidung" führt (KMK, 1969, 29).[9] Die „Empfehlungen des Deutschen Bildungsrates" in seinem „Strukturplan für das Bildungswesen" von 1970 greifen die Idee des Deutschen Ausschusses auf, erweitern diese aber auf alle allgemeinbildenden Schulen aus. Im Arbeitsförderungsgesetz §32 von 1969 ist die „Bundesanstalt für Arbeit" verpflichtet, „mit den Einrichtungen der allgemeinen und beruflichen Bildung" zusammenzuarbeiten. 1971 ist dieser Kooperationsvertrag in einer „Rahmenvereinbarung über die Zusammenarbeit von Schule und Berufsberatung" zwischen KMK und Bundesanstalt konkretisiert worden. Die Kooperation soll bei berufsaufklärenden Maßnahmen erfolgen. Berufliche Einzelberatungen und Vermittlungen in berufliche Ausbildungsstellen bleibt dabei ausschließliche Aufgabe der Bundesanstalt. Speziell den Berufsberatungsstellen der Arbeitsämter obliegt es, Kontakt zu den Schulen ihres Bezirkes zu halten und mit den Schulen zusam-

---

[7] Vgl. ebd. S.118ff
[8] Vgl. Dedering, H.: Arbeitsorientierte Bildung. Baltmannsweiler: Schneider Verlag Hohengehren. 2004. S.159, 160
[9] Siehe ebd. S.160, 161

menzuarbeiten. Diese Rahmenvereinbarung bildet die Grundlage für die jeweiligen länderspezifischen Erlasse und Richtlinien bezüglich des berufsorientierenden Unterrichts.

Folgende Möglichkeiten stehen dabei der kooperativen Berufswahlvorbereitung hauptsächlich zur Verfügung:

- Schulbesprechungen
- Elternveranstaltungen
- Vortragsveranstaltungen
- Seminare
- Schriften
- Berufsinformationszentren (BIZ)
- Berufserkundungen

(Landesarbeitsamt Hessen, Hrsg.,1996)[10]

In den neunziger Jahren des letzten Jahrhunderts ist dann erkannt worden, dass die Berufswahl ein Prozess ist, der nicht auf die Sekundarstufe I beschränkt werden darf. Dies kommt zum Ausdruck in einer gemeinsamen Empfehlung von KMK, Bundesanstalt für Arbeit und Hochschulrektorenkonferenz aus dem Jahre 1992 („Gemeinsame Empfehlung zur Zusammenarbeit von Schule, Berufsberatung und Studienberatung in der gymnasialen Oberstufe und in berufsbildenden Schulen"). Im Jahre 1997 hat die KMK dann ihre „Forderungen nach Verbesserung der beruflichen Orientierung und der Studier- und Berufswahlfähigkeit" von 1972 wiederholt und konkretisiert. Mittlerweile haben fast alle Landesregierungen Erlasse zu diesem Thema veröffentlicht.[11]

Die Berufsberatung der Agentur für Arbeit soll demnach die Jugendlichen, ebenso wie auch die Eltern und Lehrer aller Schulformen, über Faktoren und Bedingungen der Berufswahl unterrichten. Sie muss informieren über Berufe, ihre Anforderungen und Entwicklungsperspektiven, Wege der beruflichen Bildung, aktuelle Ausbildungs- und Beschäftigungsmöglichkeiten sowie Trends und Chancen auf dem Arbeitsmarkt.[12]

---

[10] Vgl. und siehe Dedering, H.: Arbeitsorientierte Bildung. Baltmannsweiler: Schneider Verlag Hohengehren. 2004. S.161, 162
[11] Vgl. und Siehe ebd. S.168
[12] Vgl. ebd. S.155

Mit dem gesetzlichen Auftrag der Berufsaufklärung von Bundesagentur für Arbeit und dem Berufswahlunterricht im Schulwesen soll ein Beitrag zur materiellen Sicherung des Grundrechtes auf „freie Berufswahl" geleistet werden (nach Art. 12GG).[13]

Die Berufsorientierung in den Schulen hat die Aufgabe einer „vorberuflichen Bildung". Sie soll den Schülern eine Auseinandersetzung mit der Berufswelt ermöglichen, so dass ein rationales Berufswahlverhalten entwickelt werden kann, und eine „Berufswahlkompetenz" erarbeitet wird. Sie soll neben den Informationsangeboten zu diesem Thema vor allem auch Möglichkeiten bieten, sich zu einer Persönlichkeit mit Entscheidungskompetenz zu entwickeln. Die Schule soll verstärkt Schlüsselqualifikationen ausbilden, wie z.B. Selbstständigkeit, Denken in Zusammenhängen, Flexibilität, Kommunikationsfähigkeit oder auch Problemlösefähigkeit. Auch muss die Schule ihren Schülern helfen, dass diese ein Bewusstsein für ihre eigenen Interessen und Fähigkeiten aufbauen und diese erkennen. Man spricht in diesem Zusammenhang auch von der Erlangung der „Berufswahlreife". Oftmals liefern diese jahrelangen „Selbsterkundungsprozesse" immer wieder andere Ergebnisse, doch letztendlich tragen all diese Erfahrungen dazu bei, dass der Schüler am Ende seiner Schullaufbahn eine rationale Berufswahl treffen kann.[14] Ob dann die gewünschte Berufswahl realistisch ist und beim jeweiligen Wähler auch die entsprechende, je nach Berufsbild unterschiedlich vorausgesetzte Eignung vorliegt, kann nicht Aufgabe der Schule sein. Diese Überprüfung bleibt Spezialisten vorbehalten, wie einem professionellen Berufsberater, dem psychologischen Dienst der Arbeitsagentur oder letztendlich Berufseignungstests im Rahmen des Bewerbungsverfahrens. Ebenso kann Schule nicht die Probleme aktueller Ausbildungs- und Arbeitsmärkte auffangen. Die Möglichkeiten der Schule sind somit auf den Bereich der Vorbereitung auf das Erwerbsleben beschränkt.[15]

Die Schule und ihre Lehrkräfte bilden laut einer repräsentativen Untersuchung nur einen geringen Einflussfaktor auf die Berufswahl. Die folgende Statistik des „Instituts für Arbeitsmarkt- und Berufs-

---

[13] Vgl. Dedering, H.: Einführung in das Lernfeld Arbeitslehre. München: Oldenbourg Verlag. 2000. S.273
[14] Vgl. Staatsinstitut für Schulqualität und Bildungsforschung. Beruf und Studium-BuS. München. 2005. Kapitel 3, S.6, 7
[15] Vgl. Dedering, H.: Arbeitsorientierte Bildung. Baltmannsweiler: Schneider Verlag Hohengehren. 2004. S.155

forschung" (Bundesagentur für Arbeit) lieferte zuletzt im Jahre 2006 die folgenden Zahlen:

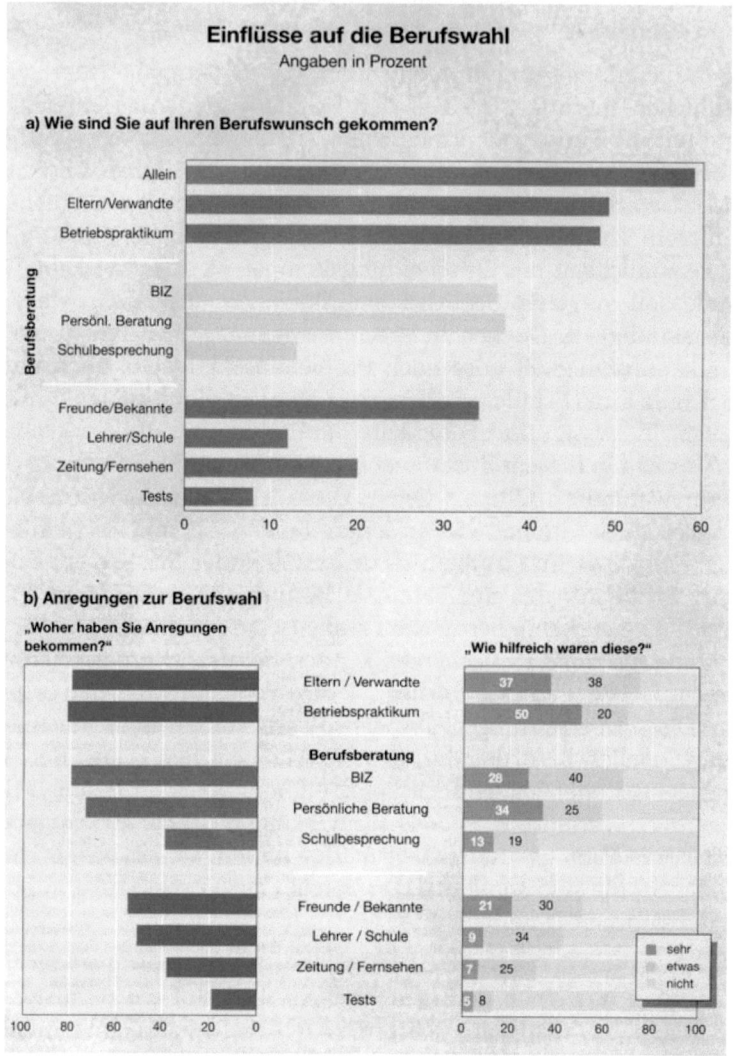

Abb. 2: *Einflüsse auf die Berufswahl*[16]

---

[16] Siehe IAB (Kleffner A., Lappe L. u. a.): Fit für den Berufsstart? Materialien aus der Arbeitsmarkt-und Berufsforschung. Nürnberg. 1996. S.13

Die Abbildung zeigt, dass die Eltern (ca. 49%), Betriebspraktikum (ca. 48%) und Berufsberatung neben dem Berufswähler selbst die drei wichtigsten Ratgeber für die Berufswahl darstellen, sowohl in Bezug auf das Entstehen konkreter Berufswünsche, als auch im Hinblick auf allgemeine Anregungen (siehe Abbildung unter a) und b)). Freunde und Bekannte haben beim Entstehen der Berufswünsche ebenfalls einen beträchtlichen Einfluss auf die Berufswahl mit ca. 34%. Die Institution Schule und ihre Pädagogen erreichen im Vergleich nur wenige Prozentpunkte (ca. 12%, 46%). Auch werden Anregungen in Bezug auf die Berufswahl als nicht sehr hilfreich eingestuft.

Dem Betriebspraktikum wird hierbei allerdings ein überraschend hoher Stellenwert beigemessen. Es ist folglich eine maßgebliche Einflussquelle auf die Berufswahlentscheidung der Schüler. Es stellt das entscheidende Instrument der Institution Schule für die Berufswahlvorbereitung dar. Knapp 50% der Befragten nannten das Betriebspraktikum als Quelle ihres Berufswunsches. Dabei liegt das Betriebspraktikum in der Wichtigkeit nach den Eltern und vor den Freunden auf Platz zwei. Ca. 80% der Schüler gaben an, dass sie in dem Praktikum Anregungen für ihre Berufswahl erhalten haben. Rund 60% sagten, dass es ihnen „viel geholfen" hätte, und damit rangiert es als Entscheidungshilfe, noch vor den elterlichen Ratschlägen, auf Platz 1 (siehe Abb. 2).[17]

Die vorliegenden Erkenntnisse, welche die Berufsforschung durch Umfragen und Forschung gewonnen hat, stellen für die Institution Schule ein eher ernüchterndes Ergebnis dar. Dennoch darf nicht übersehen werden, dass die Jugendlichen u. a. den von den Schulen durchgeführten Betriebspraktika einen hohen Stellenwert beimessen. Die Frage stellt sich, inwiefern man die Arbeit der Schulen und Lehrkräfte verbessern könnte, damit die Schüler noch schneller und umfassender für ihre Berufswahlentscheidung vorbereitet werden. Oft fällt in der Literatur der Begriff „Berufswahlfähigkeit" oder auch „Berufswahlkompetenz". Die Erlangung dieser Befähigung ist Ziel des berufsorientierenden Unterrichts. Die Schüler sollen in Bezug auf ihre Berufswahl handlungskompetent werden. Sie sollen selbstständig die ihnen angebotenen Informationen nach ihrer für sie individuellen Wichtigkeit selektieren und zu einer realistischen und fundierten Wahlentscheidung kommen können.

---

[17] Vgl. ebd. S.14

Um aus der Fülle von Informationen und Fragen diejenigen herauszufiltern, die für die persönliche Situation des Schülers relevant sind, müssen laut Bernhard Jenschke aber folgende Voraussetzungen erfüllt sein: Der Wert der Information für die Berufswahl muss erkannt werden. Selbstständige Eigeninformation der Jugendlichen, was ebenfalls ein Ziel des Unterrichts darstellt, setzt auch eine notwendige Motivation zu eigeninitiativem Handeln voraus. Im Unterricht selber muss die Lehrkraft darauf achten, dass die Bereitstellung der Informationen didaktisch so aufbereitet ist, dass diese nicht nur aufgenommen und akzeptiert werden, sondern auch verarbeitet werden. In diesem Zusammenhang bietet demnach gerade das Berufs-Informations-Zentrum (BIZ) der Agentur für Arbeit einen entscheidenden Vorteil, den der Schulunterricht nicht liefern kann. Im BIZ kann der Schüler selbst über die Auswahl der Informationen und deren Grad der Intensität bestimmen.[18]

Doch wo soll der Unterricht in Bezug auf die Berufswahl seine Prioritäten setzen und wie soll er aufgebaut sein?

Der Autor Heinz Klippert befragte speziell Berufsberater wie sie ihre Schulbesuche sehen und welche Vorschläge sie für einen besseren berufswahlvorbereitenden Unterricht haben. Sie beklagten vor allem die zu große Informationsflut in den Klassenzimmern, zu wenig Zeit im Unterricht und eine Überforderung vieler Schüler.[19]

Vorschläge für einen wirksameren Unterricht aus der Sicht von Berufsberatern sind in dieser Auflistung zu sehen:

---

[18] Vgl. Kledzik, U.-J.; Jenschke B. (Hrsg.): Berufswahlunterricht als Teil der Arbeitslehre.Hannover: Hermann Schroedel Verlag KG. 1979. S.154
[19] Vgl. Klippert, H.: Berufswahl-Unterricht. Weinheim, Basel: Beltz Verlag. 1987. S.32, 33

```
┌─────────────────────────────────────────────────────────────────────┐
│              ANREGUNGEN FÜR EINEN WIRKSAMEREN UNTERRICHT            │
├─────────────────────────────────────────────────────────────────────┤
│ ■ Rollenspiele/Simulationsspiele durchführen (zum Vorstellungsgespräch, Be- │
│   ratungsgespräch oder zu bestimmten Problemfällen)  --► 9 NENNUNGEN│
│                                                                     │
│ ■ Aktives Arbeiten im Berufsinformationszentrum (BIZ) --► 8 NENNUNGEN│
│                                                                     │
│ ■ Fallbeispiele aus der Praxis vorstellen und durchsprechen --► 6 NENNUNGEN│
│                                                                     │
│ ■ Motivierender und aktivierender Medieneinsatz (Arbeitsbögen, Rätsel, prak-│
│   tisches Arbeiten mit Beruf Aktuell, Video-Filme, gute Folien etc.)│
│   --► 6 NENNUNGEN                                                   │
│                                                                     │
│ ■ Konkrete Informationen und Gespräche über den Ausbildungsstellenmarkt (lo-│
│   kal - regional - bundesweit) --► 6 NENNUNGEN                      │
│                                                                     │
│ ■ Eingehen auf Fragen und Beratungsanliegen der Schüler (in Einzel- oder│
│   Gruppenberatung) --► 6 NENNUNGEN                                  │
│                                                                     │
│ ■ Lehrer müssen interessiert und engagiert sein, damit die Schüler "ange-│
│   steckt" werden --► 3 NENNUNGEN                                    │
│                                                                     │
│ ■ Konkrete Vorbereitung auf Einstellungstests (Bearbeitung von "echten"│
│   Übungstests) --► 1 NENNUNG                                        │
│                                                                     │
│ ■ Stärkere Einbindung der Schulbesuche in das unterrichtliche Gesamtkonzept│
│   --► 1 NENNUNG                                                     │
└─────────────────────────────────────────────────────────────────────┘
```

Abb. 3: Erfolgsversprechende Methoden und Arbeitsweisen aus der Sicht der Berufberatung[20]

Die Berater sind demzufolge der Ansicht, dass der Unterricht vor allem dann als erfolgreich und motivierend empfunden wird, wenn der Unterrichtsstoff mit dem konkreten Bewerbungsgeschehen zu tun hat und der Schüler aktiv und handlungsorientiert lernt.[21]

In Bezug auf Berufseignungstests und Einstellungstests wurde nur eine Nennung registriert. Dies lässt den Rückschluss zu, dass die Beschäftigung mit dieser Art von Tests aus Sicht der Berufsberater bei dieser Untersuchung eher von sekundärer Wichtigkeit ist (siehe Abb. 3). Allerdings fand die Studie in den 90er-Jahren statt und zu dieser Zeit war die Praxis von „Berufseignungstests" noch nicht so weit verbreitet wie heutzutage.

Neuere Zahlen (2002) belegen, dass Psychologische Eignungstests inzwischen eine hohe Bedeutung in der Bewerberauswahl von Unternehmen haben. Die folgende Tabelle macht dies deutlich:

---

[20] Siehe Klippert, H.: Berufswahl-Unterricht. Handlungsorientierte Methoden und Arbeitshilfen für Lehrer und Berufsberater. Weinheim, Basel: Beltz Verlag. 1987. S.33
[21] Vgl. ebd. S.33

1	Gesamteindruck	99,2
2	Einzelgespräch	98,1
3	Praktische Aufgabe	54,9
4	Kenntnistest	47,8
5	Fähigkeitstest	41,4
6	Persönlichkeitstest	35,8
7	Gruppengespräch	25,7
8	Mini-Assessement-Center	7,4

Abb. 4: Verfahren zur Bewerberauswahl laut Studie des „Instituts der Deutschen Wirtschaft" (Prozentangaben treffen zu, Doppelnennungen sind möglich)[22]

Testverfahren finden mittlerweile nicht nur in großen und mittelständischen Betrieben Verwendung, sondern sind bereits auch bei kleineren Firmen und im Handwerk etabliert. Dies macht das Thema besonders auch für die Unterrichtskonzepte der Haupt- und Realschulen bedeutungsvoll (siehe Abb. 4).[23]

Inwieweit im Schulunterricht die Beschäftigung mit Berufseignungstests im Rahmen des berufsorientierenden Arbeitslehre-Unterrichts dennoch von Vorteil sein kann, und in welcher Form man sie sinnvoll zum Thema des Unterrichts machen könnte, bleibt Ziel-Fragestellung dieser Arbeit und wird hauptsächlich im vierten Abschnitt dieser Untersuchung zusammengefasst.

2.3. Berufswahlmodelle

Grundsätzlich kann man bei der Berufswahl zwischen drei Theorien unterscheiden. Zum einen gibt es Erklärungsmodelle, bei denen der Fokus auf eine langfristige Berufswahl liegt. Sie betonen den Prozesscharakter der Berufswahl. Die Berufswahl wird hierbei als gesellschaftlicher Zuweisungsprozess gesehen, als Entwicklungsprozess und als Lernprozess.

Auf der anderen Seite gibt es Modelle, bei denen der innere Entscheidungsprozess der Person im Vordergrund steht. Sie beziehen sich auf die Zeit unmittelbar vor der Berufswahlentscheidung.

---

[22] Siehe Ziehm, S.: Berufseignung aus betrieblicher Sicht. In: Berufsbildung, Nr.74. 2002. S.18
[23] Vgl. ebd. S.18

Als weiteren Modelltypus gibt es integrative Ansätze, welche versuchen die beiden vorgenannten Ansätze zu verknüpfen.

Modelle, die sich auf die langfristige Entwicklung einer Berufswahl konzentrieren:

2.3.1. Berufswahl als Zuweisungsprozess

Dieser Ansatz sieht die Berufswahl weniger als „Wahl" oder „Entscheidung", sondern vielmehr als einen Prozess der Zuweisung des Individuums zu Berufspositionen durch die Gesellschaft.[24] Dabei werden die determinierenden gesellschaftlichen Faktoren betont: „Rechtliche Bestimmungen, Zulassungsvoraussetzungen, Arbeitsmarktbedingungen, familiäre Einflüsse, die aus der sozialen Situation der Familie resultieren, Einflüsse der Medienberichterstattung, sozialpsychologische Faktoren (z.B. der Meinungsdruck der Peer-Group), geschlechtsspezifische Sozialisationsprozesse."[25]

Nach dieser Auffassung erfolgt die Zuweisung über zwei Mechanismen, nämlich der direkten und der indirekten Zuweisung. Die direkte Zuweisung meint die gesellschaftliche Kontrolle des Zugangs zu den zur Verfügung stehenden Ausbildungs- und Berufsmöglichkeiten, z.B. durch geforderte Bildungsabschlüsse, Auswahltests oder Bevorzugung der Familienangehörigen von bereits in der Firma Beschäftigten. Unter indirekter Zuweisung versteht man den Sozialisationsprozess, den die Berufswähler durchlaufen und welcher ihnen eine Orientierung auf bestimmte Berufe und ein bestimmtes Berufsniveau vorgibt.[26]

2.3.2. Berufswahl als Entwicklungsprozess

Bei diesem Ansatz wird die Berufswahlentwicklung gemäß ihrer zeitlichen Gliederung nach Lebensphasen betrachtet. In jedem Lebensabschnitt gibt es Entwicklungsaufgaben, die einen Einfluss auf die Berufswahl haben. Berufswahl ist demnach ein lebenslanger

---

[24] Vgl. Bundesanstalt für Arbeit. Handbuch zur Berufswahlvorbereitung, Ausgabe 1992. Nürnberg. 1992. S.77
[25] Siehe Staatsinstitut für Schulqualität und Bildungsforschung. Beruf und Studium-BuS. München. 2005. Kapitel 4, S.2
[26] Vgl. Bundesanstalt für Arbeit. Handbuch zur Berufswahlvorbereitung, Ausgabe 1992. Nürnberg. 1992. S.78

Prozess.[27] So ergibt sich die Fragestellung, welche beruflich relevanten Persönlichkeitsmerkmale sich in welcher Phase entwickeln und welchen Einfluss die soziale Umwelt dabei ausübt. „Eine zentrale Rolle spielt in dieser Theorie das Selbstkonzept bzw. die Identität."[28] Man geht davon aus, dass einzelne Persönlichkeitsmerkmale umso stabiler in der Persönlichkeit verankert sind, je früher sie sich ausgebildet haben, z.B. das persönliche Wertesystem oder die Geschlechtsrollenidentität. Solche Verhaltensweisen und Einstellungen werden schon in der frühen Kindheit durch Modelllernen und Verstärkung durch die Umwelt erlernt. Im späteren Alter werden sie nur noch modifiziert, aber nicht mehr grundlegend verändert.[29]

Dieser Ansatz beschäftigt sich auch verstärkt mit der Fragestellung, über welche Einstellungen, Fähigkeiten und Fertigkeiten der Berufswähler in der jeweiligen beruflichen Entwicklungsphase verfügen sollte („Berufswahlkompetenz") bzw. tatsächlich verfügt („Berufswahlreife"). Aus der Beantwortung dieser Frage ist auch eine Vielzahl von Berufswahlreife-Tests entstanden.[30]

Die folgende Abbildung verdeutlicht anschaulich, wie sich Berufsvorstellungen und Berufseinstellungen im Laufe des Lebens eines Kindes zum erwachsenen mündigen Menschen typischerweise verändern:

---

[27] Vgl. Staatsinstitut für Schulqualität und Bildungsforschung. Beruf und Studium-BuS. München. 2005. Kapitel 4, S.5
[28] Siehe ebd. S.5
[29] Vgl. ebd. S.5
[30] Vgl. Bundesanstalt für Arbeit. Handbuch zur Berufswahlvorbereitung, Ausgabe 1992. Nürnberg. 1992. S.79

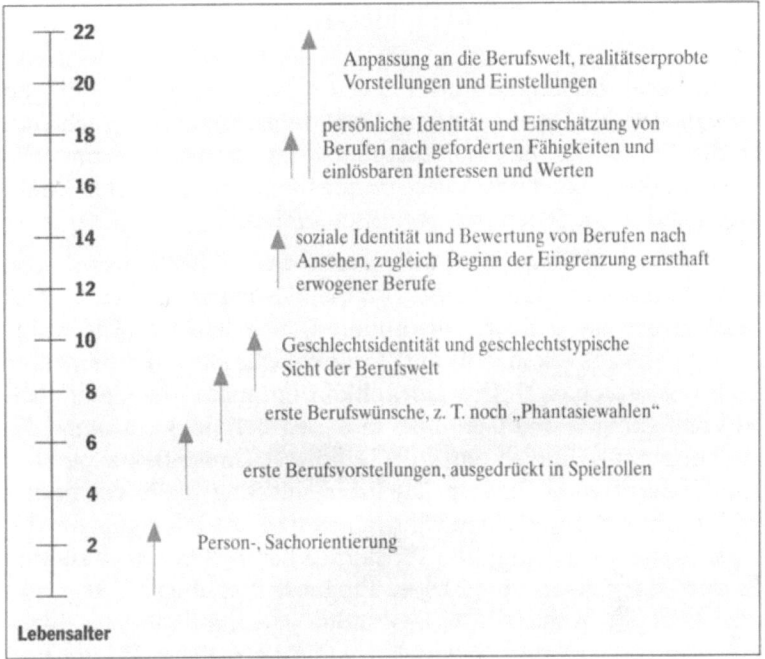

Abb. 5: Berufswahlmotive nach Lebensalter [31]

Man erkennt, dass sich schon im Alter von ca. 4-9 Lebensjahren erste Berufswünsche entwickeln (Bsp. „Ich möchte Lokomotivführer werden"). Im Laufe der persönlichen Entwicklung eines Menschen werden dann Berufsbilder verglichen, eingeordnet und bewertet. Zusehends spielen auch die eigenen Fähigkeiten und Interessen eine Rolle. Schließlich beginnen im Alter von ca. 16-22 Jahren, je nach Individuum verschieden, reale Berufserfahrungen. Dies können z.B. Ferienjobs, Praktika oder eine Berufsausbildung sein. In dieser Phase werden zum ersten Mal die eigenen Vorstellungen von einem Berufsleben mit den realen Arbeitsmarktbedingungen verglichen bzw. an sie angepasst.

(z.B. „Angebot und Nachfrage" -> *Stellensituation*; „Decken sich die Tätigkeiten im jeweiligen Beruf mit meinen Erwartungen?" -> *Berufsmotivation*) (siehe Abb. 5).

---

[31] Siehe Bundesanstalt für Arbeit. Handbuch zur Berufswahlvorbereitung, Ausgabe 1992. Nürnberg. 1992. S.80

2.3.3. Berufswahl als Lernprozess

Der lerntheoretische Ansatz macht sich die Erkenntnisse der allgemeinen Lernforschung zunutze. Die für die Berufswahl wichtigen Faktoren sind als Ergebnisse von Lernerfahrungen zu betrachten.[32] Für die Praxis der Berufswahlvorbereitung resultiert daraus die Notwendigkeit, Lernsituationen zu schaffen, die zu neuen Erfahrungen und somit neuen Lernprozessen führen.[33]

Drei Faktoren spielen dabei eine Rolle: das „Selbstkonzept", das „Umweltkonzept" und die „Problemlösungsmethoden". Das Selbstkonzept ist dadurch determiniert, wie jemand sich wahrnimmt (reales Selbstkonzept) und dadurch, was jemand sein möchte (ideales Selbstkonzept). Das Umweltkonzept meint die Gesamtheit von Vorstellungen und Gefühlen, in denen sich dem Einzelnen die bisher erfahrene Umwelt darstellt. Teil dieses Umweltkonzepts sind auch die Berufsvorstellungen. Die Problemlösungsmethoden in diesem Zusammenhang meinen Fähigkeiten und Einstellungen, die der Berufswähler zur Lösung von Problemen heranzieht. Diese können z.B. sein: das Setzen von Zielen, Prognosen künftiger Ereignisse, Entwickeln von Alternativen, Beschaffen von Informationen, Beurteilen, Aussondern und Gewichten von Alternativen, Planen und Generalisieren.

Diese drei Komponenten bestimmen die Berufswahltendenz. Eine berufswahlrelevante Handlung, wie z.B. eine Betriebserkundung oder auch ein Ausbildungseintritt, stellt immer eine neue Lernerfahrung dar und hat somit wiederum Auswirkungen auf das Selbstkonzept, das Umweltkonzept und die Problemlösungsmethoden.[34]

Modelle, die sich auf den inneren Entscheidungsprozess und die Zeit unmittelbar vor einer Entscheidung konzentrieren:

2.3.4. Berufswahl als Matching-Prozes

Dieser Ansatz findet große Verwendung in der Praxis der Berufswahlvorbereitung und ist dort am meisten verbreitet. Er geht davon

---

[32] Vgl. Bundesanstalt für Arbeit. Handbuch zur Berufswahlvorbereitung, Ausgabe 1992. Nürnberg. 1992. S.81
[33] Vgl. Staatsinstitut für Schulqualität und Bildungsforschung. Beruf und Studium-BuS. München. 2005. Kapitel 4 S.13
[34] Vgl. Bundesanstalt für Arbeit. Handbuch zur Berufswahlvorbereitung, Ausgabe 1992. Nürnberg. 1992. S.81

aus, dass ein Berufswähler den Beruf suchen sollte, dessen Anforderungsmerkmale am besten mit den Persönlichkeitsmerkmalen des Berufswählers übereinstimmen. Ein typisches Muster von geforderten Fähigkeiten und Möglichkeiten eines Berufsbilds sollte eine möglichst große Schnittmenge mit den Fähigkeiten, Interessen und Einstellungen des Berufswählers bilden. Wird dies erreicht, ist demnach ein Höchstmaß an persönlicher Zufriedenheit möglich. Der bekannteste Vertreter des Matching-Modells ist Dr. John Holland (siehe auch „Explorix"-Test an späterer Stelle dieser Untersuchung). Kritikpunkt an diesem Modell ist, dass es nicht zeigt wie eine langfristige Berufswahlvorbereitung auszusehen hat. Es beginnt in einer zeitlichen Phase unmittelbar vor der Entscheidung für einen Beruf und geht somit von einem äußerst kurzphasigen Vorgang aus.[35]

Empirisch nachgewiesen werden konnte eine Übereinstimmung, wonach zwischen Persönlichkeitsmuster und Berufsmuster sowie beruflicher Zufriedenheit ein Zusammenhang besteht. Bezogen auf den späteren beruflichen Erfolg aber konnte man bis jetzt noch keine überzeugenden Nachweise erbringen.[36]

2.3.5. Berufswahl als Entscheidungsprozess

Dieses Modell stammt aus der Psychologie und orientiert sich an ihren zahlreichen Theorien der kognitiven Informationsverarbeitung und Entscheidungsprozesse. Es existieren zahlreiche Varianten, Theorien und Modelle über den Entscheidungsprozess. Oftmals basieren die Theorien auf Vorstellungen darüber, wie eine Entscheidung ablaufen sollte, aber nicht wie sie tatsächlich abläuft.[37] Die empirische Nachweisbarkeit ist oftmals zweifelhaft, da im realen Entscheidungsprozess oftmals einzelne Phasen welche bei der Entscheidungsfindung eine Rolle spielen, ausgelassen werden, sich wiederholen oder überlagern.[38]

---

[35] Vgl. Staatsinstitut für Schulqualität und Bildungsforschung. Beruf und Studium-BuS. München. 2005. Kapitel 4 S.15
[36] Vgl. Bundesanstalt für Arbeit. Handbuch zur Berufswahlvorbereitung, Ausgabe 1992. Nürnberg. 1992. S.84
[37] Vgl. Staatsinstitut für Schulqualität und Bildungsforschung. Beruf und Studium-BuS. München. 2005. Kapitel 4 S.18
[38] Vgl. Bundesanstalt für Arbeit. Handbuch zur Berufswahlvorbereitung, Ausgabe 1992. Nürnberg. 1992. S.86

Im Folgenden drei grundlegende Struktur-Modelle zur *Entscheidungssituation*, zum *Entscheidungsprozess* und zum *Entscheidungsverhalten*:

Eine *Entscheidungssituation* liegt vor, wenn

- ein Entscheidungsobjekt
- unter bestimmten Situationsbedingungen
- Handlungsmöglichkeiten oder –zwänge wahrnimmt,
- diese aufarbeitet (informatorisch, vergleichend, erweiternd)
- und sich auf die Alternative festlegt bzw. zu der Alternative tendiert,
- deren Ergebnisse vorteilhaft und erreichbar erscheinen
- und dadurch zum Verwirklichungshandeln motivieren".

Ein *Entscheidungsprozess* kann folgende Phasen umfassen:

- Problemwahrnehmung
- Informationssuche und Informationsverarbeitung
- Entwicklung von Alternativen
- Entscheidung
- Realisierung
- Bewältigung von Nachentscheidungsproblemen[39]

Grundannahme zum Entscheidungsverhalten:

Die Vielfalt des Entscheidungsverhaltens lässt sich weitgehend in den folgenden drei Dimensionen erfassen:

```
rational  --------------  intuitiv
aktiv     --------------  passiv
autonom   --------------  abhängig[40]
```

---

[39] Siehe ebd. S.85
[40] Vgl. Bundesanstalt für Arbeit. Handbuch zur Berufswahlvorbereitung, Ausgabe 1992. Nürnberg. 1992. S.86

In Bezug auf jugendliche Berufswähler muss aber davon ausgegangen werden, dass diese oft nicht über ein ausreichendes Maß an Rationalität, Aktivität und Autonomie verfügen. Ebenso geht dieses Modell von einer weitgehenden Planbarkeit des Entscheidungsprozesses aus. Der Einfluss und die Bedeutung von zufälligen Ereignissen werden dabei oftmals unterschätzt oder sogar gänzlich übersehen.[41]

Bei der Berufswahlvorbereitung in der Schule und in der Beratung muss deswegen unbedingt von einem realistischen Bild in Bezug auf das Entscheidungsverhalten und der Entscheidungskompetenz der Jugendlichen ausgegangen werden. Aus diesem Grunde ist dieses Modell nur eingeschränkt oder in der Theorie praktikabel.

2.3.6. Das ordnende Rahmenmodell nach Bußhof (Beispiel eines integrativen Modells)

Der Pädagogik-Professor Ludger Bußhof hat eine Art Metatheorie konzipiert, welche den Zusammenhang der bestehenden Berufswahltheorien erklärt, und die Grenzen der einzelnen Theorien für sich alleine stehend verdeutlicht.

Das Modell versucht die oben beschriebenen Erklärungsansätze zu vereinen:

---

[41] Vgl. ebd. S.86

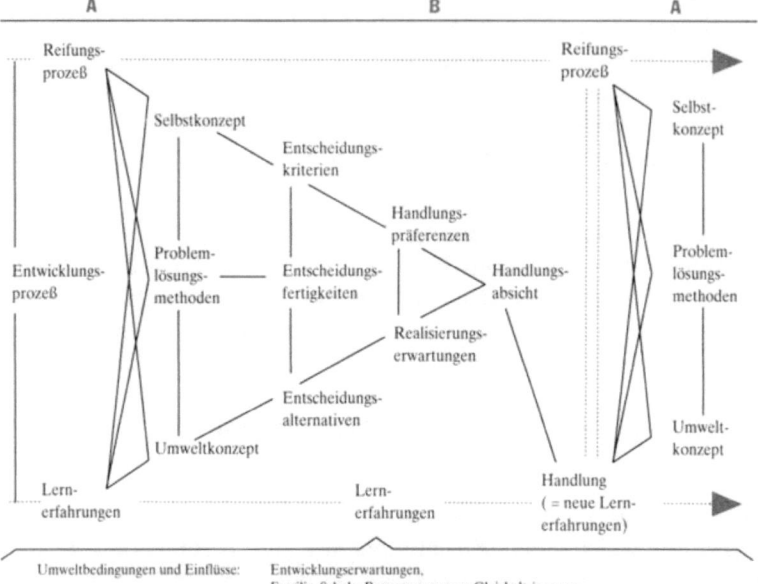

Abb. 6: *Rahmenmodell zur Erklärung der Berufswahl*[42]

Die Berufswahl ist eingebunden in einen *Entwicklungsprozess*, der aus dem Zusammenwirken von *Reifungsprozessen* und *Lernerfahrungen* seine Dynamik erhält. Lernerfahrungen werden durch *Umweltbedingungen* und Einflüsse angeregt, wobei den Entwicklungserwartungen eine besondere Bedeutung zukommt. Noch bevor dem Jugendlichen die Entwicklungsaufgabe der Wahl eines Berufes bewusst wird, hat er ein bestimmtes *Selbstkonzept*, ein *Umweltkonzept* (u. a. die Vorstellung von bestimmten Berufen) und auch *Problemlösungsstrategien* entwickelt. Wenn der junge Berufswähler dann in die Entscheidungsphase eintritt, entwickelt er (durch neue Lernerfahrungen) aus seinem Selbstkonzept heraus bestimmte *Entscheidungskriterien*.

Aus seinem Umweltkonzept bildet er entsprechende *Entscheidungsalternativen* und aus seinen bisher gelernten Problemlösungsmethoden seine *Entscheidungsfertigkeiten*.

---

[42] Siehe Bundesanstalt für Arbeit. Handbuch zur Berufswahlvorbereitung, Ausgabe 1992. Nürnberg. 1992. S. 87

Daraus ergeben sich gewisse *Handlungspräferenzen*, d.h. der Berufswähler bevorzugt bestimmte Alternativen und überprüft diese auf deren Realisierbarkeit (*Realisierungserwartungen*), bzw. er stellt Vermutungen darüber an. Dies führt, oft auch zusätzlich durch äußere Zwänge beeinflusst und bestimmt, zu einer *Handlungsabsicht*, also einer konkreten Berufswahl. Daraus resultiert ein „Ausführungsversuch", welcher nicht selten „Nachentscheidungsprobleme" mit sich bringt. Vom Erfolg dieses Versuches hängt es ab, ob der Entscheidungsprozess abgeschlossen ist oder ob er neu aufgerollt werden muss. In jedem Fall führen Ausführungsversuche stets zu neuen Lernerfahrungen, welche die berufliche Entwicklung des Berufswählers beeinflussen, und welche sich auch auf später anstehende berufliche Entscheidungssituationen auswirken (siehe Abb. 6).[43]

---

[43] Vgl. Staatsinstitut für Schulqualität und Bildungsforschung. Beruf und Studium-BuS. München. 2005. Kapitel 4 S. 27, 28

3. Berufseignungstests

3.1. Einführende Informationen über Berufseignungstests

Der Begriff „Berufseignung" nach einer Definition von Schuler&Funke meint „die Erfolgswahrscheinlichkeit für eine Tätigkeit, einen Beruf oder eine Berufsklasse, wobei sich der Eignungsbegriff auf das Zusammenwirken persönlicher Merkmale mit Merkmalen der Arbeitstätigkeit bezieht".[44]

Um eine möglichst große Übereinstimmung zwischen den Fähigkeiten von Berufsbewerbern und den Tätigkeitsanforderungen der angebotenen Arbeitsstellen für die Zukunft eines Arbeits-/Ausbildungsvertrages zu prognostizieren, ist es heutzutage gängige Praxis, dass Unternehmen auf so genannte „Berufseignungstests" zurückzugreifen. Mit „Berufseignungstests" wird demnach nahezu jeder jugendliche Berufswähler mit großer Wahrscheinlichkeit früher oder später konfrontiert werden. Dies kann auch privat aus eigenem Interesse geschehen, durch den Hinweis von Eltern und Bekannten oder durch die Schule. Man spricht in diesem Fall von „Orientierungstests". Diese helfen dem Jugendlichen, seine Interessen und Fähigkeiten näher zu bestimmen. Oder der Berufswähler kommt in Kontakt mit Berufseignungstests im Rahmen einer Bewerbung um einen Ausbildungsplatz oder eine Arbeitsstelle. In diesem Fall spricht man häufig von „Leistungstests". Oftmals haben die Jugendlichen Respekt vor diesen Tests und es herrscht eine gewisse Unsicherheit. Gerade wenn der Test nicht im Rahmen der persönlichen Interessens-/Fähigkeitsfeststellung durchgeführt wird, sondern in einer Leistungssituation bei einem Unternehmen stattfindet, geraten viele Menschen in Stress. Dies ist nicht verwunderlich, da bestimmte Testarten so konzipiert sind, dass gar nicht alle gestellten Aufgaben im zeitlich vorgegebenen Raster bewältigt werden können. Dies sollte den Absolventen bewusst sein, denn mit diesem Wissen haben sie schon einen entscheidenden Vorteil, so dass sie mit der Testsituation souveräner umgehen können und somit oftmals bessere Ergebnisse erzielen. Schon diese Tatsache allein spricht für die Notwendigkeit einer Aufklärung der Jugendlichen über die Hintergründe von Einstellungstests.

---

[44] Siehe Hossiep, R.: Berufseignungsdiagnostische Entscheidungen". Göttingen: Hogrefe Verlag. 1995. S.2

Professionelle Berufseignungstests entstammen der wissenschaftlich-psychologisch orientierten Eignungsdiagnostik. Manchmal werden sie auch von Personalberatern und Unternehmen entwickelt.[45]

„Berufseignungstests" sind die am häufigsten verwendeten psychologischen Testverfahren der Berufseignungsdiagnostik. Eine der entscheidenden Gründe für ihre häufige Verwendung ist ihre wissenschaftlich hoch entwickelte Methodologie der Konstruktion. Ihre Intention ist es, möglichst objektive Bewertungsmethoden zur Verfügung zu haben, um die Qualifikation von neuen Mitarbeitern in Erfahrung bringen zu können. Psychologische Testverfahren werden nach wissenschaftlichen testtheoretischen Prinzipien entwickelt. Diese Standardisierung bezieht sich auf ihren Inhalt, auf die Durchführung und auf die Auswertung. Im Vergleich zu anderen Verfahren (z.b. Sichtung der Bewerbungsmappe, persönliche Gespräche) garantiert dies eine hohe Objektivität. Der Einfluss subjektiver Kriterien wie z.b. bei Einstellungsgesprächen, ist somit bei wissenschaftlichen Berufseignungstests minimiert. Im Gegensatz zu Einstellungsinterviews sind bei Tests Durchführung und Urteilsbildung getrennt und der Verfahrensablauf ist komplett strukturiert.[46]

In wissenschaftlich konzipierten Berufseignungstests werden vor allem Testverfahren zur Erfassung allgemeiner kognitiver Fähigkeiten eingesetzt, der Intelligenz und ihrer Komponenten. Des Weiteren werden allgemeine Leistungsdispositionen wie z. B. Aufmerksamkeit oder Konzentration getestet.[47]

Neben einem persönlichen Gespräch mit subjektivem Charakter werden je nach Branche auch praktische Tests durchgeführt, z. B. im handwerklich-technischen Bereich.[48] Es werden in diesem Fall gezielt technisches Verständnis, sowie sensorische und motorische Funktionen des Bewerbers getestet.

---

[45] Vgl. Hesse, J.; Schrader, H. C.: Eignungstests. Zugriff am 29.07.2007 unter http://www.stepstone.de/pb/de%5Find/eignungstests.html
[46] Vgl. Hossiep, R.: Berufseignungsdiagnostische Entscheidungen. Göttingen: Hogrefe Verlag. 1995. S.36, 37
[47] Vgl. ebd. S.37
[48] Vgl. Bundesagentur für Arbeit: Orientierungshilfe zu Auswahltests. Göttingen: Verlag f. Psychologie. 2006. S.9

Bei kaufmännischen und verwaltenden Berufsbildern wird beim Einstellungstest auch des Öfteren ein Kurzreferat oder das Teilnehmen an einer Gruppendiskussion mit anderen Bewerbern verlangt.[49]

In Einstellungsgesprächen geht es eher um den persönlichen Eindruck, v. a. um das Erscheinungsbild, das Verhalten im Kontakt mit anderen Menschen und die beruflichen Ziele und Ansprüche des Bewerbers. Bei den vorher stattfindenden Auswahltests möchte ein Betrieb dagegen überprüfen, ob der Bewerber die erforderlichen Fähigkeiten, Interessen und Kenntnisse überhaupt mitbringt.[50]

Berufseignungstests sind im Vergleich zu den meisten anderen Auswahlmethoden objektiver und genauer, da sie einen bildungsübergreifenden Vergleich ermöglichen.[51]

Die Relevanz der Ergebnisse von Einstellungstests, man spricht auch von „berufseignungsdiagnostischen Entscheidungen", ist meist von großer Tragweite. Sie legen den Handlungsspielraum nahezu immer für längere Zeitabschnitte fest, und sind deshalb für die betroffenen Personen und Organisationen von besonders großer Bedeutung.

Die zu beantwortende Frage für Unternehmen ist immer, welche unter den Bewerbern auf die zu besetzenden Stellen die „besten" Arbeitsergebnisse erwarten lassen. Die daraufhin eingestellten Bewerber werden auf die freien Arbeitsstellen verteilt, darüber hinaus zur Verfügung stehende Bewerber zurückgewiesen. Voraussetzung ist demnach stets ein Überangebot von Stellenbewerbern und eine Knappheit an zur Verfügung stehenden Arbeitsplätzen. Ziel jeder Unternehmensstrategie ist ein „insgesamt möglichst günstiger Beitrag aller Personen zum angestrebten Organisationserfolg".[52] Dabei ist festzustellen, dass aufgrund des stetig wachsenden Wettbewerbsdrucks (u. a. auch durch die Globalisierung oder neue Kommunikationsmedien) Unternehmen und öffentliche Einrichtungen dazu gezwungen sind, eine immer effizientere Nutzung ihrer Ressourcen zu praktizieren. Im Bereich Personalmanagement gewinnt daher der Bereich der Rekrutierung und Integration qualifizierter

---

[49] Vgl. ebd. S.9
[50] Vgl. ebd. S.6, 7
[51] Vgl. Wilhelm, W.: Berufseignungstests für Ausbildungsplatzbewerber. In: Berufsbildung, Nr.73. 2002. S.24
[52] Vgl. Hossiep, R.: Berufseignungsdiagnostische Entscheidungen. Göttingen: Hogrefe Verlag. 1995. S.1, 2

Mitarbeiter zunehmend an Bedeutung. Es gibt verschiedene Studien, welche versuchen Kosten und Nutzen von berufseignungsdiagnostischen Maßnahmen betriebswirtschaftlich in Geldeinheiten zu messen. So berichteten Hunter&Hunter schon 1984 von erschreckend hohen Einsparungen selbst bei Verfahren mit geringen Validitäten. Weltweit problematisch bei solchen Studien ist oftmals eine gemeinsame sprachliche Ebene zwischen Psychologen, die wirtschaftsbezogen Diagnostik betreiben, und Wirtschaftswissenschaftlern. Offenbar bewerten Psychologen prozentuale Zuwachsraten sehr viel kritischer, sodass ein „wissenschaftlicher Dialog" beider Parteien schwierig ist. Dabei verweisen praktisch-diagnostisch tätige Psychologen immer wieder darauf, dass es geradezu lächerlich wäre, aus Kostengründen auf wissenschaftlich entwickelte Auswahlverfahren zu verzichten. Sie betonen, dass die Kosten der Verfahren bereits bei der Senkung etwa des Durchfallens um wenige Prozent bei der Berufsausbildungsabschlussprüfung eingespart werden. Offenbar ist es aber scheinbar gerade bei dieser Thematik noch nicht gelungen, praktisch-psychologische Anwendungen unter betriebswirtschaftlichen Gesichtspunkten, mit der an Hochschulen betriebenen Forschung zu verknüpfen.[53]

Berufseignungstests erfassen immer nur einen Teilaspekt der Persönlichkeit, nämlich die Strukturen der Persönlichkeit die mit Fragen der Eignung für einen bestimmten Beruf oder eine Berufsgruppe zusammenhängen. Der sog. „Normwert" bei normierten Tests gibt an, wo der getestete Bewerber leistungsmäßig in seiner Bezugsgruppe steht. So wird sein Testergebnis interpretierbar. Bewerber, deren individuelles Profil dem Normprofil des gewünschten Berufes entspricht, werden dann mit hoher Wahrscheinlichkeit zu einem Vorstellungsgespräch eingeladen.[54]

Den Jugendlichen sollte aber bewusst sein, dass nicht immer der Bewerber mit den besten Schulnoten und Testergebnissen die freie Stelle bekommt, sondern immer die Person welche am ehesten den Gesamterwartungen des Betriebes entspricht. Diese können erheblich schwanken, auch innerhalb einer Branche. Deswegen sollten sich Jugendliche nicht entmutigen lassen, wenn es mit dem Erhalt einer Ausbildungsstelle nicht auf Anhieb klappt.

---

[53] Vgl. und siehe Hossiep, R.: Berufseignungsdiagnostische Entscheidungen. Göttingen: Hogrefe Verlag. 1995. S.16-19
[54] Vgl. Wilhelm, W.: Berufseignungstests für Ausbildungsplatzbewerber. In: Berufsbildung, Nr.73. 2002. S.30

Der Markt sowohl für Tests als auch für Testbücher ist in den letzten Jahren enorm gewachsen. Dies hängt damit zusammen, dass diese Tests zuverlässige Ergebnisse bzgl. der Fähigkeiten und Interessen der Testpersonen liefern können. Die tatsächliche Eignung für einen Beruf und eine zu erwartende Berufsbewährung kann durch einen psychologischen Test heutzutage relativ sicher prognostiziert werden. Dies ist der Grund warum mittlerweile die wenigsten Betriebe darauf verzichten und einen Berufseignungstest zur Basis eines Arbeitsvertrages machen.[55] Die Tests werden individuell auf die Bedürfnisse des jeweiligen Arbeitgebers ausgerichtet, und garantieren so, dass der „richtige Mitarbeiter an den richtigen Ort kommt".[56]

Doch die Testverfahren sind nicht unumstritten. Die Autoren Hesse und Schrader beispielsweise sprechen davon, dass sie methodisch oft nicht ausgereift sind und die Testergebnisse häufig nur Zufallscharakter haben.

(Weitere Kritikpunkte zu Berufseignungstests werden an späterer Stelle der Untersuchung konkretisiert.)

Berufseignungstests veralten relativ schnell und müssen deshalb in regelmäßigen Abständen bezüglich des Inhalts überarbeitet und neu normiert werden. Dies hängt damit zusammen, dass sich die Testleistung immer auf die Durchschnittsleistung der Gruppe bezieht. Doch dieser Wert ändert sich, so sind z.B. in den letzten Jahrzehnten die Durchschnittsleistungen von Hauptschülern gesunken, da immer mehr Schüler die Realschule und das Gymnasium besuchen.[57]

Als Fakt bleibt bestehen, dass Berufseignungstests für Ausbildungsplatzbewerber durchgeführt werden, durch die versucht wird in irgendeiner Weise Persönlichkeitsmerkmale und diverse Leistungspotentiale zu erkennen und zu messen. Durch die Resultate dieser Tests wird in logischer Folge die Berufslaufbahn von Berufswählern beeinflusst. Diese Tatsachen allein rechtfertigen die Beschäftigung mit dieser Art von Tests auch im Unterricht, um Jugendlichen ein angemessenes Wissen darüber zu vermitteln. So ist es für sie hilfreich zu wissen, dass sich Test-Fragestellungen oftmals in gewisser Weise ähneln und in jedem Testverfahren gleiche Elemente wieder-

---

[55] Vgl. Siewert, H.: „Berufseignungstests souverän meistern". Frankfurt: Redline Wirtschaft. 2005. S.11, 12
[56] Vgl. ebd. S.13
[57] Vgl. Wilhelm, W.: Berufseignungstests für Ausbildungsplatzbewerber. In: Berufsbildung, Nr.73. 2002. S.30

kehren. Eine gewisse „Testroutine", erworben durch vorangegangene Übung, kann in einer realen Testsituation hilfreich sein. So kann die Beschäftigung mit Berufseignungstests im Unterricht einerseits der Vorbereitung auf konkrete Testsituationen in Betrieben dienen, andererseits wird das Spektrum der für den Jugendlichen in Frage kommenden Berufe vergrößert. Getestete Personen entdecken nämlich oftmals eigene Fähigkeiten, derer sie sich vorher gar nicht bewusst waren.[58] Angesichts der Bedeutung einer zu treffenden Berufsentscheidung und den damit verbundenen weitreichenden Konsequenzen für das Leben eines jeden Menschen müssen alle zur Verfügung stehenden Möglichkeiten als sinnvoll erachtet werden, die dazu dienen, diese Entscheidung vorzubereiten. Können im gewählten Beruf die persönlichen Interessen und Begabungen zum Einsatz kommen, so hat das positive Auswirkungen auf die Persönlichkeit des Einzelnen, auf die erbrachte Leistung am jeweiligen Arbeitsplatz und letzten Endes auch auf die gesamte gesellschaftliche Entwicklung.[59]

3.2. Die Geschichte und Entwicklung der Berufseignungsdiagnostik

Sprach man früher noch von „Personalauslese" (Adolf Otto Jäger, 1970), fallen heute Begriffe wie „Personenauswahl" (H. Schuler, 1990) und die wissenschaftliche Bezeichnung „Berufseignungsdiagnostik". Eine recht eingängige Definition von „Berufseignungsdiagnostik" liefern H. Schule und u. Funke:

„Das Konzept der Eignung betrifft das Ausmaß der Übereinstimmung von Anforderungen des Arbeitsplatzes und der weiteren Arbeitsumgebung mit den Leistungsvoraussetzungen der Person. Dabei wird angenommen, dass der Grad dieser Übereinstimmung die Erfolgswahrscheinlichkeit für eine Berufstätigkeit mitbestimmt." (1993)[60]

In unserer heutigen Kultur wie auch in den meisten früheren Kulturen ist die gesamtgesellschaftliche Arbeit arbeitsteilig auf die ver-

---

[58] Vgl. Siewert, H.: „Berufseignungstests souverän meistern". Frankfurt: Redline Wirtschaft. 2005. S.13
[59] Vgl. Siewert, H.: „Berufseignungstests souverän meistern". Frankfurt: Redline Wirtschaft. 2005. S.9
[60] Vgl. und siehe Hossiep, R.: Berufseignungsdiagnostische Entscheidungen. Göttingen: Hogrefe Verlag. 1995. S.2, 7

schiedenen Berufe und Tätigkeiten verlagert. Deshalb ist es nur logisch, dass man schon seit jeher versucht hat, die zweifellos existierenden unterschiedlichen Fähigkeitsvoraussetzungen frühzeitig zu erkennen. Spannt man den Bogen der Erfassungsmethoden etwas weiter, kann man feststellen dass es in nahezu allen Gesellschaftsformen und in fast jeder geschichtlichen Epoche psychologische Auswahlverfahren zu Eignungsfeststellungen für bestimmte gesellschaftliche Funktionen gab. Eine Vielzahl von Autoren befasste sich schon mit den historischen Wurzeln von Ausleseprüfungen. Es ist bekannt, dass sich solche bis in die Antike und das Alte China zurückverfolgen lassen. Weitere Beispiele findet man in der Bibel an mehreren Stellen oder Meisterprüfungen im Handwerk für englische Kolonialbeamte im 18. Jahrhundert. Fast schon anekdotischen Charakter gewinnt in diesem Zusammenhang die Schlussfolgerung, dass die Schlacht der Germanen um Arminius gegen die Römer („Schlacht am Teutoburger Wald" im Jahre 9 n. Chr.) u. a. auf Basis der leistungsfähigeren Auswahlverfahren gewonnen werden konnte.

Der Ruf nach systematischen Eignungsuntersuchungen ist jedoch erst im Verlauf des letzten Jahrhunderts laut geworden. Hierbei geht es darum, wie bereits schon erwähnt, jeden Einzelnen gemäß seinem Fähigkeitspotential bei der gesamtgesellschaftlichen arbeitsteiligen Verrichtung von Tätigkeiten einzusetzen. Dies erfolgt gemäß dem „Leistungsprinzip". In der Logik dieser Argumentation ist die Eignungsdiagnostik als organisatorische Konsequenz des Leistungsprinzips anzusehen.[61] Die psychologischen Testverfahren erfüllen eine Art „rationale Entlastungsfunktion", sodass bedeutsame und objektiv schwierige Entscheidungen von und über Menschen erleichtert werden. Dunnette & Bormann datieren den Beginn der modernen Ära der Personalauswahl auf den 6. April 1917. An diesem Tag erklärten die Vereinigten Staaten von Amerika dem Deutschen Reich den Krieg. Und an diesem Tag wurde auch von allen Psychologen der „American Psychological Association" (336 Mitglieder) ein Brief verfasst mit der Frage welche professionelle Unterstützung sie im Rahmen des Krieges zu leisten in der Lage wären. Innerhalb der nächsten zwei Jahre wurden über 1,7 Millionen Rekruten getestet. Dabei wurden von den Psychologen Tätigkeitsbeschreibungen, Personalbeurteilungssysteme und Trainingspro-

---

[61] Vgl. und siehe Hossiep, R.: Berufseignungsdiagnostische Entscheidungen. Göttingen: Hogrefe Verlag. 1995. S.8, 9

gramme entwickelt. Aufgrund der gewaltsamen Verringerung des „Arbeitskräftereservoirs" auf Grund der vielen Toten während des Krieges gewannen psychologische Testverfahren an Bedeutung. Durch den entstandenen Mangel an Arbeitskräften musste sichergestellt werden, dass die verfügbaren Arbeiter vor allem am richtigen, ihrer Qualifikationsstruktur entsprechenden Platz eingesetzt werden. Die Arbeitskräfte mussten deshalb vor der Eingliederung in den Produktionsprozess getestet werden. In dieser Zeit gewannen die Psychologie und ihre fähigkeitsdiagnostischen Testverfahren zunehmend an Bedeutung. Ab dem Jahre 1927 fand der großvolumige Einsatz von Intelligenztests in Zusammenhang mit der Erteilung von Einwanderungsgenehmigungen in die USA statt. Dies Maßnahme wurde von vielen Seiten ausgesprochen kritisch bewertet. Einen weiteren, jedenfalls quantitativen Höhepunkt, erreichte die eignungsdiagnostische Testung von praktisch allen 14 Millionen Kriegsteilnehmern der Vereinigten Staaten im Zweiten Weltkrieg. Göbel kommt 1980 zu der Erkenntnis, dass der Einsatz von Testverfahren als Hilfsmittel zur Personalentscheidung in Deutschland parallel zur Bildungsreform (in den 1960 und 1970er Jahren) erfolgte. Dies hängt damit zusammen, dass sich eine Bewusstseinsveränderung in der Gesellschaft entwickelte, als im Zuge der Bildungsreform die Schulen den staatlichen Auftrag erhielten, ihre Schüler optimal zu bilden und ihre Begabungsreserven auszuschöpfen. So gingen auch Unternehmen verstärkt daran, ihre Mitarbeiter auf Fähigkeitspotentiale hin zu überprüfen.[62]

Der Trend zur Anwendung von Berufseignungstests zur effizienteren Nutzung der menschlichen Arbeitskraft hält in Zeiten von Arbeitslosigkeit, Globalisierung, Perfektionierung, stärkerem Wettbewerb durch neue Kommunikationstechnologien und Transparenz weiter an. Voraussichtlich wird die Berufseignungsdiagnostik sich noch weiter entwickeln und perfektionieren, und ihre Prognostizität und Validität weiter zunehmen.

3.3. Gütekriterien für psychologische (Berufseignungs-)Tests

Forschung und Wissenschaft haben Mindest-Qualitätsstandards entwickelt, welche bei der fachgerechten Konstruktion und Anwendung von Eignungstests gesichert sein sollten.

---

[62] Vgl. Hossiep, R.: Berufseignungsdiagnostische Entscheidungen. Göttingen: Hogrefe Verlag. 1995. S.24, 25

Diese sind angelehnt an Kriterien der mathematisch-statistischen Testtheorie:[63]

1. OBJEKTIVITÄT („Unabhängigkeit")

Die Tests müssen objektiv sein, d. h. die Bedingungen der Testdurchführung und Testauswertung müssen feststehen und immer gleich sein. Unabhängig von den jeweiligen Anwendern oder Auswertenden des eingesetzten Tests muss bei derselben Testperson oder Testgruppe das gleiche Ergebnis erzielt oder reproduziert werden können. Ein Test ist also objektiv, wenn zwei oder mehrere Ausbilder bei der Auswertung eines Tests beim gleichen Bewerber zum gleichen Ergebnis gelangen.

Man spricht auch von Durchführungs-, Auswertungs- und Interpretationsobjektivität:

Durchführungsobjektivität:

Es wird verlangt, dass alle Bewerber während der Durchführung der Tests die gleichen Rahmenbedingungen vorfinden, z.B. Zeitdauer, Tageszeit, Hilfsmittel, Täuschungsmöglichkeit oder Raumklima.

Auswertungsobjektivität:

Dies beinhaltet, dass das Testergebnis unabhängig vom Auswertenden sein muss. Verschiedene Ausbilder zu verschiedenen Zeitpunkten müssen so stets zur gleichen Bewertungs-/Punktzahl beim gleichen Bewerber kommen. Bei Testaufgaben zum Ankreuzen („Multiple-Choice-Aufgaben") ist die Auswertungsobjektivität maximiert, weil die Antwort der Testperson nur richtig oder falsch angekreuzt wird und dadurch der Ausbilder eine eindeutige Antwort erhält.

Interpretationsobjektivität:

Diese Form von Objektivität liegt dann vor, wenn zwei Testauswerter unabhängig voneinander aus dem gleichen Auswertungsergebnis des Tests den gleichen Schluss ziehen, d.h. wenn mehrere Ausbilder das gleiche Testergebnis gleich interpretieren. Da aber Testergebnisse immer mit anderen Informationen des Bewerbers zusammen interpretiert werden sollten, bleibt hier ein großer subjektiver Spielraum.

---

[63] Vgl. Hesse, J.; Schrader, H. C.: „Eignungstests". Zugriff am 29.07.2007 unter http://www.stepstone.de/pb/de%5Find/eignungstests.html

2. RELIABILITÄT („Zuverlässigkeit")

Die Tests müssen treffsicher sein, d. h. die Testergebnisse (z.B. Ausprägung eines bestimmten Persönlichkeitsmerkmals) müssen stimmen bzw. ausreichend verlässlich sein. Man versteht hierunter den Grad der Genauigkeit, mit dem ein bestimmtes Merkmal gemessen wird. Die Reliabilität bezieht sich auf das Ergebnis. Als reliabel gelten eine Messung und das zugrunde liegende Messinstrument (z.b. ein Test), wenn aus einer Wiederholung stets das gleiche Ergebnis resultiert. Sie sagt jedoch nur aus, wie genau gemessen wurde, aber nicht was gemessen wurde. Der Grad der Zuverlässigkeit wird durch den Reliabilitätskoeffizienten „r" bestimmt. Er gibt den Zusammenhang zwischen zwei Leistungen an, also in welchem Maß die Messergebnisse über dieselbe Testperson unter gleichen Bedingungen übereinstimmen. Seriöse und für die Praxis brauchbare Tests sollten mindestens eine Reliabilität von r = 80 aufweisen.

3. VALIDITÄT („Gültigkeit")

Die Tests müssen tatsächlich auch das untersuchen bzw. messen können, was sie zu messen vorgeben, im Einzelfall z.B. Konzentrationsfähigkeit, Aufmerksamkeit, eine bestimmte Intelligenz, Persönlichkeits-/Charaktereigenschaften. Die Validität gibt also den Grad der Genauigkeit an, mit dem ein Test auch tatsächlich das misst, das er messen soll. So soll ein Mathematiktest beispielsweise die Kenntnisse der Testperson in Mathematik und nicht seine Lesekenntnisse erfassen. Maßstäbe für die Gültigkeit sind Korrelationen mit entsprechenden Außenkriterien, z.B. den Schulleistungen.

In der Testtheorie unterscheidet man u. a. folgende Arten von Validitäten („Gültigkeiten"):

Inhaltsvalidität:

Hier wird die Gültigkeit eines Tests durch die inhaltliche Analyse der einzelnen Testaufgaben durch Experten gewährleistet. Dies bedeutet, dass überprüft wird, inwieweit ein Test Merkmale beinhaltet, die für den zu erfassenden Merkmalsbereich repräsentativ sind. Z.B. beziehen sich inhaltsvalide Berufseignungstests auf bestimmte Berufe oder Berufsgruppen.

Übereinstimmungsvalidität:

Hier wird ermittelt, wie weit die mit einem Test gewonnenen Ergebnisse und die auf andere Weise und mit anderen Methoden erhaltenen Resultate übereinstimmen. Es liegt z.B. eine hohe Übereinstimmungsvalidität vor, wenn ein Mathematiktest hoch mit der Mathematiknote der Testperson korreliert.

„Vorhersagevalidität":

Standardisierte Berufseignungstests sollten vor allem eine hohe Vorhersagevalidität aufweisen, denn diese prognostiziert den Ausbildungs- bzw. Berufserfolg des getesteten Bewerbers. Man vergleicht hier die Testergebnisse aktueller Bewerber mit den Ergebnissen von ehemaligen Auszubildenden, die bereits erfolgreich im Beruf stehen und zieht so Rückschlüsse auf die Berufseignung der Bewerber.[64]

Problem der (Test-)Diagnosen und der darauf folgenden Prognosen auf ein späteres Verhalten liegt darin, dass man nicht genau vorhersagen kann, wie sich ein Auszubildender im Verlauf seiner Ausbildungszeit entwickeln wird. Dabei wird im Allgemeinen eine Vorhersage einer Leistung erwartet, die erst zu einem Zeitpunkt in der Zukunft erbracht wird.[65]

3.4. Die Qualität von Auswahlverfahren

Es wurden verschiedene Arten von diagnostischen Auswahlverfahren miteinander verglichen und auf ihre prognostische Validität untersucht.

Dazu hier einige Beispiele:

Hinweis zur Berechnung der Validität:

Rechenschritt von Korrelationskoeffizient „r" auf prognostische Validität (= Berufsausbildungserfolg):

Bsp. $r = 0{,}3$; $r^2 = 0{,}3 \times 0{,}3 = 0{,}09$ → prognostische Validität = 9%

Wissenschaftliche Vergleichs-Ergebnisse:

---

[64] Vgl. Wilhelm, W.: Einstellungstests für Bewerber um einen Ausbildungsplatz. In: Der Ausbilder, Nr. 10. 2002. S.8-10 und Hesse, J.; Schrader, H. C.: „Eignungstests". Zugriff am 29.07.2007 unter http://www.stepstone.de/pb/de%5Find/eignungstests.html
[65] Vgl. Wilhelm, W.: Die Qualität von Auswahlverfahren für Auszubildende. In: Wirtschaft und Berufserziehung, Nr. 11. 2006. S.35

a) Bewerbungsunterlagen und Schulzeugnisse

Bewerbungsunterlagen und Berufsausbildungserfolg:

Korrelationskoeffizient: r = .18 → prognostische Validität: 3,2%

Schulabschluss und Berufsausbildungserfolg:

Korrelationskoeffizient: r = .40 → prognostische Validität: 16%

Schulabschluss und Berufsausbildungserfolg:

(Haupt- u. Realschulabschlussnoten nach Schuller im Jahr 2000)

Korrelationskoeffizient: r = .46 → prognostische Validität: 21%

(Die Mathematiknote war der valideste feststellbare Wert.)

Schulnoten und Berufsausbildungserfolg (bis 1977):

Korrelationskoeffizient: r = .48 → prognostische Validität: 23%

Schulnoten und Berufsausbildungserfolg (ab 1978):

Korrelationskoeffizient: r = .25 → prognostische Validität: 6,25%

b) Psychologische Tests

Mindeststandard für Praxiseignung von Tests:

Reliabilität von .50 (besser .70 oder 0.80)

Kognitive Fähigkeitstests und Berufsausbildungserfolg:

Korrelationskoeffizient: r = .54 → prognostische Validität: 29%

Kognitive Fähigkeitstests und Berufserfolg (!):

Korrelationskoeffizient: r = .45 → prognostische Validität: 20%

Bsp. *Intelligenztest + Abschlussprüfung und Berufserfolg:*

Korrelationskoeffizient: r = .48 → prognostische Validität: 23%

c) Einstellungsgespräch

Einstellungsgespräch (unstrukturiert) und Berufsausbildungserfolg:
Korrelationskoeffizient: r = .10   →   prognostische Validität: 1%

Einstellungsgespräch (strukturiert) und Berufserfolg:
Korrelationskoeffizient: r = .40   →   prognostische Validität: 16%

d) Assessment Center

Assessment Center und Berufserfolg:
Korrelationskoeffizient: r = .37   →   prognostische Validität: 14%[66]

Anhand der Validitätswerte lässt sich die Qualität der einzelnen Auswahlverfahren beurteilen. Allerdings lassen die Zahlen erkennen, dass einige Verfahren, z.b. Bewerbungsunterlagen und unstrukturierte Einstellungsgespräche, nur eine sehr geringe Prognosegenauigkeit aufweisen. Deshalb sollten bei der Auswahl von Ausbildungsplatzbewerbern durch die Betriebe unbedingt verschiedene Auswahlinstrumente eingesetzt werden. Dabei sollten die Personalverantwortlichen auf Messverfahren mit einer hohen prognostischen Validität achten. Nur qualitative aussagekräftige Verfahren, welche die wissenschaftlichen Gütekriterien erfüllen, sind als Entscheidungshilfe geeignet.

3.5. Die rechtliche Situation von Berufseinstellungstests

Die Rechtslage bezüglich der Durchführung von psychologischen Einstellungspraktiken ist nicht überschaubar und eindeutig. Dies belegt die Tatsache, dass eine Vielzahl von Bestimmungen zu beachten ist. So haben u. a. folgende Gesetze Einfluss auf die rechtliche Lage: Grundgesetz, Betriebsverfassungsgesetz, Bundesgesetzbuch, Strafgesetzbuch, Arbeitsförderungsgesetz, Bundespersonalvertretungsgesetz, Sozialgesetzbuch, Jugendarbeitsschutzgesetz etc. Hinzu kommen noch berufsinterne Regelungen und Vereinbarungen, wie z.B. die Berufsordnung für Psychologen und die Grundsätze für

---

[66] Vgl. Wilhelm, W.: Die Qualität von Auswahlverfahren für Auszubildende. In: Wirtschaft und Berufserziehung, Nr. 11. 2006. S.35-37

die Anwendung psychologischer Eingangsuntersuchungen in Wirtschaft und Verwaltung.

Von Bedeutung sind die folgenden eindeutigen Bestimmungen der Gesetze:[67]

* Eignungsuntersuchungen dürfen in ihrer inhaltlichen Ausrichtung (Fragen und Aufgaben) lediglich darauf bezogen sein, festzustellen, ob der Bewerber für die angebotene Tätigkeit in Bezug auf seine Kenntnisse und Fähigkeiten geeignet ist. Fragen die darüber hinausgehen sind nicht zulässig.

* Die Fragen und Aufgaben müssen mit der Würde des Menschen vereinbar sein (Grundgesetz). Deswegen sind keine Fragen nach politischen, religiösen oder ganz persönlichen Einstellungen erlaubt.

* Dem Bewerber muss rechtzeitig mitgeteilt werden, ob und welche Art von psychologischen Testverfahren im Rahmen der Bewerberauswahl eingesetzt wird.[68]

* Vom Gesetz her dürfen psychologische Berufseignungstestverfahren nur mit Einwilligung der Testperson durchgeführt werden. Es reicht eine mündlich erklärte Zustimmung oder das Erscheinen auf eine Einladung zu einer psychologischen Eignungsuntersuchung. Bei minderjährigen Bewerbern ist die Einwilligung der gesetzlichen Vertreter erforderlich.[69]

* Die Ergebnisse der Tests dürfen sowohl beim Arbeitgeber, wie auch gegebenenfalls beim Diplompsychologen, nur so lange aufbewahrt werden, wie der Zweck der Testbewertung dies rechtfertigt. Abgelehnte Bewerber haben ein Recht auf Vernichtung der Unterlagen. Bei eingestellten Bewerbern kann die Zusammenfassung der Ergebnisse in die Personalakte aufgenommen werden. Der Bewerber hat dann gemäß §83 Betriebsverfassungsgesetz die Möglichkeit, diese einzusehen.[70]

---

[67] Vgl. Hossiep, R.: Berufseignungsdiagnostische Entscheidungen. Göttingen: Hogrefe Verlag. 1995. S.15
[68] Vgl. Hossiep, R.: Berufseignungsdiagnostische Entscheidungen. Göttingen: Hogrefe Verlag. 1995. S.385
[69] Vgl. Wilhelm, W.: Berufseignungstests für Ausbildungsplatzbewerber. In: Berufsbildung, Nr.73. 2002. S.30
[70] Vgl. Hossiep, R.: Berufseignungsdiagnostische Entscheidungen. Göttingen: Hogrefe Verlag. 1995. S.385

* Die Informations-, Mitbestimmungs- und Mitwirkungsrechte des Betriebs- bzw. Personalrates haben bei „externen" Auswahlentscheidungen kein Mitspracherecht. Nur bei „internen" Personalentscheidungen von bereits beschäftigten Mitarbeitern hat die Arbeitnehmervertretung das Recht der Mitbestimmung bei der Festlegung der Auswahlkriterien. Eine Ausnahme bilden beispielsweise leitende Angestellte, da diese nicht durch die Arbeitnehmervertretung vertreten werden.[71]

Ein Merkblatt, welches die Schüler über ihre Rechte und die Wahrung ihrer Rechte bei der Durchführung von psychologischen Berufseignungstests aufklärt, befindet sich im Anhang ´A-1´.

3.6. Kritik an Berufseignungstests

Doch trotz der teilweise recht hohen Vorhersage-Qualität von einigen Testverfahren erfüllen laut Aussage des Autorenteams Hesse und Schrader selbst Tests mit wissenschaftlichen Ansprüchen oft nur bedingt die drei wissenschaftlichen Gütekriterien. Der Diplompädagoge Werner Wilhelm erwähnt, dass Ausbilder häufig standardisierte Berufseignungstests willkürlich abändern. Nicht selten werden Aufgaben herausgestrichen oder hinzugefügt, die Testzeit abgeändert oder den Bewerbern zusätzliche Hilfestellungen gegeben. Dadurch werden die Ergebnisse verfälscht und sind somit nicht mehr interpretierbar. Die Aussagekraft dieser „selbst gestrickten" Tests ist daher beschränkt.[72]

Weitere Kritik am Wesen von Berufseignungstests an sich kommt von gewerkschaftlicher Seite. Aus Sicht der Vertretung der Arbeitnehmerinteressen ist die gegenwärtig ausgeübte Praxis der Eignungsdiagnostik zur Auswahl von Ausbildungsplatzbewerbern nicht im Sinne des Arbeitnehmers. So verhindern diese Testverfahren, dass jeder eine Berufsausbildung erhält, in der er seine Fähigkeiten voll entfalten kann und die seinen Neigungen und seinem Leistungsvermögen entspricht. Auch werde die bestehende Chancenungleichheit noch verstärkt, da für Fördermaßnahmen kein Platz sei. Und es könnten aufgrund der ausschließlich angepassten Auswahl von Bewerbern keine kritischen und engagierten Mitglieder der Gesellschaft heranwachsen. Zusammenfassend betont die Ar-

---

[71] Vgl. ebd. S.15, 385
[72] Vgl. Wilhelm, W.: Berufseignungstests für Ausbildungsplatzbewerber. In: Berufsbildung, Nr.73. 2002. S.30

beitnehmervertretung, dass es bei berufseignungsdiagnostischen Verfahren eher darum geht, passende Individuen für Ausbildungsangebote zu finden statt dem Einzelnen entsprechend seiner Lernsituation ein geeignetes Angebot zur Verfügung zu stellen.[73]

Einen weiteren Kritikpunkt in Bezug auf „Persönlichkeitstests", also Interessen-, Wahl-, Neigungs-, Motivationstests, kommt von Rüdiger Hossiep. Laut seiner Aussage wird diese Art von persönlichkeitsdiagnostischen Verfahren in der Literatur fast durchgängig kritisch beurteilt. Es wird bemängelt, dass bei Fragebogen häufig die Testabsicht leicht durchschaubar ist, so dass systematische Verfälschungen auftreten können. Oft tangieren Persönlichkeitstests die Privatsphäre der Probanden, so dass unter ethischen und rechtlichen Gesichtspunkten der Einsatz dieser Verfahren nicht oder nur schwer vertretbar ist. Ebenfalls gegen den Einsatz persönlichkeitsdiagnostischer Tests bei der Auswahl von Ausbildungsplatzbewerbern spricht die Tatsache, dass sich deren Persönlichkeit erst in den folgenden Jahren voll entwickelt.[74]

3.7. Der Lehrplan Arbeitslehre im Hinblick auf „Berufswahl" und "Berufseignungstests"

Da Bildung Aufgabe der Bundesländer ist, gibt es in der Bundesrepublik Deutschland je nach Erlasse und Richtlinien der Länder unterschiedliche Curricula zur Gestaltung der Berufswahlvorbereitung im Arbeitslehre-Unterricht. Die Bildungsinhalte weichen deshalb teilweise erheblich voneinander ab. Dies wird deutlich an der sehr unterschiedlichen fachlichen Organisation des Faches „Arbeitslehre" in der Schulpraxis, z.B. alleine schon durch die verschiedenartigen Bezeichnungen der Unterrichtsfächer „Fächerverbund Arbeitslehre", „Arbeit/Wirtschaft", „Wirtschaft und Recht", „Arbeit/Wirtschaft/Technik" oder „Technik". Ein einheitliches Konzept zur Berufsvorbereitung und Berufswahl gibt es derzeit in der Bundesrepublik noch nicht.[75]

---

[73] Vgl. und siehe Hossiep, R.: Berufseignungsdiagnostische Entscheidungen. Göttingen: Hogrefe Verlag. 1995. S.10
[74] Vgl. Hossiep, R.: Berufseignungsdiagnostische Entscheidungen. Göttingen: Hogrefe Verlag. 1995. S.37, 38
[75] Vgl. Dedering, H.: Arbeitsorientierte Bildung. Baltmannsweiler: Schneider Verlag Hohengehren. 2004. S.168, 169

Die folgenden Erläuterungen beziehen sich auf den aktuellen hessischen Lehrplan für die Jahrgangsstufen 5 bis 9/10 der Hauptschulen:

Das zentrale Ziel des Unterrichtsfaches Arbeitslehre ganz allgemein ist die Vorbereitung der Jugendlichen auf die aktuelle und zukünftige Arbeits- u. Wirtschaftswelt. So beginnt der hessische Lehrplan für das Unterrichtsfach Arbeitslehre. Deutlich gemacht wird weiterhin dass die Arbeitswelt und die Berufsbilder permanent im Wandel sind und somit eine verlässliche Berufsberatung zunehmend schwieriger wird. Zu schnell verändern sich die Erwerbswelt und die Anforderungen und Qualifikationen an Berufseinsteiger.[76]

Konsequenz für den Arbeitslehreunterricht ist, dass die Jugendlichen erkennen müssen, dass sie abhängig sind von der sich stetig im Wandel befindlichen Berufswelt. Schüler sollen im Unterricht lernen, „Handlungskompetenz anzubahnen"[77], um sich selber später in ihrer Berufslaufbahn stets optimal zurechtzufinden. Sie sollen „Strategien aktiver Situationsbeeinflussung entwickeln"[78].

Diese Forderungen des Lehrplans können unter der Bezeichnung „Hilfe zur Selbsthilfe" zusammengefasst werden. Das heißt, den Jugendlichen muss vermittelt werden, wo und wie sie sich relevante Informationen in unserer heutigen Wissens- und Informationsgesellschaft besorgen können. Dieser wichtige Lernschritt versetzt die Heranwachsenden in die Lage ihr Leben aktiv zu gestalten und bezüglich ihres Berufslebens wohlüberlegte Entscheidungen zu treffen.

Im Hinblick auf den Aspekt „Berufswahl" kann man Folgendes im hessischen Lehrplan nachlesen:

Im Abschnitt „2. Didaktisch-methodische Grundlagen", Unterpunkt „Inhalte" steht geschrieben, dass den Jugendlichen grundlegende Kenntnisse über die Arbeits- u. Wirtschaftswelt vermittelt werden sollen um ihnen die Entscheidung bei der Berufswahl zu erleichtern.[79]

---

[76] Vgl. Hessisches Kultusministerium (Hrsg.): Rahmenplan Arbeitslehre - Bildungsgang Hauptschule. Jahrgangsstufen 5 bis 9/10. S.3
[77] Siehe ebd. S.3
[78] Siehe ebd. S.3
[79] Vgl. ebd. S.4

Unter dem Punkt „3. Umgang mit dem Lehrplan" taucht erneut der Begriff „Berufswahl" auf:

„Die Inhalte des Lehrplans sollen helfen, Schülerinnen und Schüler auf ihre Situation in der zukünftigen Arbeits- u. Wirtschaftswelt vorzubereiten und in die Problematik der Berufswahl einzuführen. Berufswahlvorbereitung ist integrativer Bestandteil des gesamten Arbeitslehreunterrichts. Neben den Themenschwerpunkten in den Klassen 8 bis 10 sind berufsorientierende Elemente und Sequenzen im Unterricht aller Jahrgangsstufen einzubauen".[80]

Diese Aussage ist relativ allgemein verfasst und würde rein theoretisch die Durchführung und Beschäftigung mit Berufseignungstests rechtfertigen. Im Abschnitt „Teil B – Unterrichtspraktischer Teil; Übersicht der verbindlichen Themen " taucht Berufswahl im Abschnitt der achten Klasse, speziell „8.3 Berufswahl und Bewerbungsplanung – Vom Traum zum Beruf" auf.[81] Das Entwickeln von Entscheidungskriterien und -alternativen für die Berufsweg- und Lebensplanung steht dabei im Mittelpunkt.[82] Verbindlicher Inhalt und Fragestellungen des Unterrichts sollen sein: „Die eigene Berufserwartung: Was kann ich? Was traue ich mir zu? Was möchte ich tun? Was steht mir offen?". Auch die Fragen „Wer und was beeinflusst meine Berufswahl" und „Was bietet der Ausbildungs- und Berufsmarkt" sollen an den Schulen thematisiert werden.[83]

Das Thema „Berufswahl und Bewerbungsplanung" ist im hessischen Lehrplan mit 16 Stunden angesetzt im hessischen Lehrplan. Der Lehrplan besagt weiterhin, dass in dieser Lerneinheit „Selbsterkundungsprogramme (Materialien der Berufsberatung, Texte, sowie IT-Medien)" genutzt werden können/sollten. Auch der „Besuch des Berufs-Informations-Zentrums der Berufsberatung" wird erwähnt.[84]

Abschließend kann man zusammenfassen dass der Arbeitslehre-Lehrplan an hessischen Schulen (SEK I) durchaus einen Umgang mit Berufseignungstests rechtfertigen würde. Auch wenn die Vokabel „Berufseignungstests" nicht direkt verwendet wird, weisen sog. „Selbsterkundungsprogramme" in all ihren erwähnten Facetten in-

---

[80] Siehe Hessisches Kultusministerium (Hrsg.): Rahmenplan Arbeitslehre - Bildungsgang Hauptschule. Jahrgangsstufen 5 bis 9/10. S.5
[81] Vgl. ebd. S.7
[82] Siehe ebd. S.23
[83] Siehe ebd. S.23
[84] Vgl. ebd. S.23

direkt daraufhin. Ob es dabei zu einer konkreten Durchführung von Berufseignungstests im Unterricht kommen soll, lässt der Lehrplan offen. Die aufgeführten „Arbeitsmethoden und Erläuterungen", bei denen die „Selbsterkundungsprogramme" erwähnt sind, enthalten zwar nicht den Zusatz „verbindlich" wie das in der Überschrift „Verbindliche Unterrichtsinhalte/Aufgaben" der Fall ist, aber dennoch liegt es wohl im Sinne des Gesetzgebers, dass die Schulen „Selbsterkundungsprogramme", also „Berufseignungstests" im Unterricht thematisieren. In welcher Form die Thematisierung sinnvoll und effektiv in der Realität des Schulalltags angewandt werden könnte, wird in den letzten Kapiteln dieser Untersuchung aufgrund der vorherigen Informationen erörtert.

3.8. Marktübersicht von „Berufseignungstests"

3.8.1. Orientierungstests

Manchmal werden spezielle Berufseignungstests denen sich Jugendliche während ihrer Berufswahl unterziehen auch „Orientierungstests" genannt. Diese Art von Tests soll als Orientierungshilfe dienen, der Testperson berufliche Interessenschwerpunkte verdeutlichen und dabei Hilfe leisten, sich selbst richtig einzuschätzen. Sie werden vor der eigentlichen Berufswahl durchgeführt und sind nicht zu verwechseln mit Berufseignungstests in Form von Einstellungs- oder Auswahltests, welche von Unternehmen durchgeführt werden.

Bsp. Berufseignungstest „ORIENTIERUNGSTESTS FÜR SCHULABGÄNGER"

Ein Beispiel für solch eine Variante eines Berufseignungstests ist das Buch „Orientierungstests für Schulabgänger" von den Autoren Jürgen Hesse und Hans Christian Schrader.[85]

Hier werden zunächst aus sechs beruflichen Interessensgebieten Tätigkeiten vorgestellt, die die Testperson einschätzen soll:

Handwerk und Technik, Büro und Verwaltung, Handel und Wirtschaft, Soziales und Erziehung, Kunst und Sprache, Wissenschaft und Forschung;

---

[85] Vgl. Hesse, J.; Schrader, H. C.: Orientierungstests für Schulabgänger. Frankfurt: Eichborn Verlag, 1999. S.13ff

Dabei sollen die Probanden jeweils auf Items wie „mit technischen Geräten und Maschinen umgehen", „Menschen bei Problemen helfen" oder „auf dem Flohmarkt um Preise feilschen" mit einer Bewertungszahl reagieren. Diese kann zwischen „1 = interessiert mich überhaupt nicht" und „5 = interessiert mich wirklich sehr stark" variieren. Die Jugendlichen müssen dabei wirklich nachdenken und überlegen, was für eine Zahl sie den einzelnen Tätigkeiten zuteilen, mit anderen Worten, was sie davon interessiert. Der Schwerpunkt liegt somit eindeutig auf einer Selbstreflexion.

In einem darauf aufbauenden Test werden die Interessensschwerpunkte vertieft und es stehen zu jedem der Interessensgebiete (mit Ausnahme von Wissenschaft und Forschung) weitere Vertiefungsfragen bereit. So tauchen z.B. im Bereich Handwerk und Technik Fragen auf wie „die Einfuhrbestimmungen für Rindfleisch überwachen" oder „Luftverschmutzung in Großstädten analysieren". Dabei werden in beiden Tests die Fragen aus den verschiedenen Berufsfeldern stets bunt gemischt in beliebiger Reihenfolge aufgelistet. Erst im Nachhinein erkennt die Testperson, welche Fragen welchem Interessengebiet bzw. Schwerpunktgebiet zugeordnet waren.

Am Ende jedes Teil-Tests wird das Ergebnis prozentual umgerechnet und grafisch dargestellt indem es in ein Säulendiagramm eingetragen wird. Dies verdeutlicht der Testperson, wo ihre Interessen liegen.

Weiterhin werden später im Buch noch vertiefende Test-Fragen („Interessen-Intensität") gestellt, z.B. „welche Aktivität bekommt bei Ihnen ein „☺", welche ein „☻" (und welche bleibt frei...)?

Im Bereich Handwerk tauchen u. a. folgende Fragestellungen auf:[86]

- nach eigenen Ideen selbst etwas handwerklich gestalten
- bei handwerklichen Arbeiten mit Hand anlegen, helfen
- nach konkreter Vorgabe/Anleitung etwas handwerklich ausführen

Gegen Ende des Buches haben die Autoren einige Testfragen zum „Selbstbild" und zur „Selbsteinschätzung" verfasst. Hierbei sollen sich die Testpersonen auf einer Skala von „0" bis „4" einschätzen zu Fragestellungen wie z.B. „oft fällt es mir ziemlich schwer, mich

---

[86] Siehe Hesse, J.; Schrader, H. C.: Orientierungstests für Schulabgänger. Frankfurt: Eichborn Verlag, 1999. S.87

durchzusetzen" oder „ich handle oft nach der Devise: der Klügere gibt nach".[87]

Bei diesem Test geht es speziell um soziale Kompetenzen und emotionale Intelligenz wie z.b. Teamfähigkeit, Durchsetzungsvermögen, Kontaktfähigkeit, Überzeugungskraft, Selbstsicherheit, Einfühlungsvermögen und Konfliktfähigkeit.

Gegen Ende des Buches stellen die Autoren noch die „Drei großen W-Fragen", auf die sich jeder Berufswähler einstellen sollte:

„Was kann ich?" „Was will ich?" „Was ist möglich?"

Einige Erfahrungen des Verfassers dieser Untersuchung zu dieser Thematik:

Diese drei Fragen sind treffend formuliert und spiegeln die Überlegungen wieder, die sich jeder Jugendliche beim Übergang in das Berufsleben unbedingt stellen sollte. Denn oft wird die letzte Frage aufgrund mangelnder Erfahrung, zu geringen Wissens und falscher Selbsteinschätzung unrealistisch gesehen. Und bevor die Entscheidung für einen Beruf getroffen wird, sollte ein Schulabgänger unbedingt gründlich selbstständig recherchieren bzw. die Entscheidung vorbereiten, was für den Einzelnen möglich ist. Denn es kommt gar nicht selten vor, dass eher leistungsschwache Hauptschüler im berufswahlfähigen Alter Berufswünsche wie „Arzt" oder „Pilot" äußern. Hier sollte eine realistischere Einsicht angestrebt werden. Nach der Rückkehr aus einem Betriebspraktikum z.B. definiert sich oftmals die Einstellung des Schülers gegenüber der Schulzeit und der Leistungsmotivation neu. Das wäre ein Argument dafür, dass man Betriebspraktika bei Haupt- u. Realschülern vielleicht schon früher als in der 8. Klasse durchführen sollte. Möglicherweise wären die Schüler dann lernwilliger und motivierter für den Rest ihrer Schulzeit, weil sie z.B. durch Gespräche mit Auszubildenden im Praktikum die Einsicht bekämen, dass ein möglichst guter Schulabschluss wirklich wichtig und sinnvoll ist, und jeder seine Chance für sich alleine nutzen sollte, um dieses Ziel zu erreichen.

3.8.2. Das Berufswahlkonzept „MACH´S RICHTIG" (Bundesagentur für Arbeit)

Ein zweites Testverfahren in Bezug auf eine Berufseignung ist das Konzept „MACH´S RICHTIG" von der Bundesagentur für Arbeit.

---

[87] Siehe ebd. S.107ff

Die folgenden Beschreibungen beziehen sich auf die Ausgabe 2006/2007.

Das Angebot der Bundesagentur liegt in verschiedenartigen Medien vor:

Mediale Ausführungen

Printmedium
„MACH´S RICHTIG":
'Interessen erkennen – Berufe erkunden'
'Meine Interessen'
'Meinen Fähigkeiten auf der Spur'
'Blick in die Zukunft'
'Bewerbung um eine Ausbildungsstelle'
(Schülerarbeitshefte)

CD-Rom
mit dem Berufswahlprogramm „MACH´S RICHTIG"

Internetangebot
www.machs-richtig.de

Bei diesem Entwurf wird nicht wie bei Einstellungstests ein Test unter unmittelbarem Leistungsdruck durchgeführt, sondern Berufswähler finden hier Anregungen, wie sie ihre eigenen Interessen erkennen und für die Berufswahl nutzen können.

Ziel ist es, dass die Jugendlichen möglichst eigenständig und eigenverantwortlich ihren Berufsweg planen. Die Bundesagentur stellt hierfür Schülern, Lehrern und Eltern verschiedene Materialien zur Verfügung. In der Schule zielt das Konzept didaktisch-methodisch auf einen handlungsorientierten Berufswahlunterricht ab, d.h. die Schülerinnen und Schüler „sollen selbstständig durch entdeckendes Lernen Ergebnisse selbstständig erarbeiten".[88] Die Bundesagentur legt Wert darauf, dass die Schüler die Berufserstwahl nur als einen ersten Schritt ins Berufsleben begreifen. Sie sollen im Anschluss daran lebenslanges Lernen im Beruf auch als eine Chance zur permanenten auch persönlichen Entwicklung erkennen. In diesem Zusammenhang wird auch ein spezieller Fokus auf das Internet-

---

[88] Vgl. und Siehe Bundesagentur für Arbeit: Mach´s richtig - Lehrerbeleitheft. Nürnberg: Promotion Software. 2006. S.4

Berufswahlportal (www.machs-richtig.de) gelegt, welches den Schülern auch in ihrer späteren Laufbahn noch Informationen über verschiedene Berufe ermöglicht. Dieses Angebot ist auch dazu gedacht, dass sich Schüler zusätzlich außerhalb des Unterrichts zu Hause damit beschäftigen können.[89]

Das Internetportal bietet verschiedene Informationsbereiche:

Der Abschnitt „Berufswahlmagazin" enthält viele interessante Reportagen und Berichte von Auszubildenden die über ihre Erfahrungen informieren. Der Punkt „Richtig informieren" zeigt interessierten Schülern wie sie Informationen richtig behandeln und auswerten. Ein Bereich zum Thema „Bewerbung" ist ebenso zu finden wie spezielle Angebote für „Lehrer" und „Eltern".

Der im Hinblick auf Berufseignungstests entscheidende Menüpunkt des Internetangebotes ist „Berufe finden" mit dem Unterpunkt „Meine Interessen". Hier haben die Schüler drei Interessens-Bereiche die sie wählen können:

´WAS?´ ´WO?´ und ´WOMIT?´[90]

---

[89] Vgl. ebd. S.4
[90] Vgl. Bundesagentur für Arbeit: Mach´s richtig – Internetportal www.machs-richtig.de. Zugriff am 30.08.2007 auf: http://www.machs-richtig.de/ Berufe_finden/Meine_Interessen/mi_main.jsp?action=new

Interessensgruppe 'WAS?'	Interessensgruppe 'WO?'	Interessensgruppe 'WOMIT?'
gestalten / malen / entwerfen / zeichnen	Verkaufsraum	Fahrzeuge / Transportmittel
behandeln / pflegen / erziehen / unterrichten	im Freien: Aussenanlage / natürliche Umgebung	Maschinen / Werkzeuge
		Technische Anlagen
herstellen / zubereiten / Material bearbeiten	Fahrzeug / Transportmittel	Tiere / Pflanzen
	Bildungs- / soziale / medizinische Einrichtung	Elektrotechnik / Elektronik
prüfen / untersuchen	Büro	Pläne / Entwürfe
reinigen	Labor / Prüfstation	Informationen / Medien / Fremdsprachen
montieren / installieren / reparieren	Hotel / Gaststätte	
		Regelungen / Gesetze / Vorschriften
anbauen / ernten / hegen / züchten	Beim Kunden	
	Werkstatt / Fabrikhalle	Chemische / synthetische Stoffe / Kunststoffe
schreiben / verwalten		
Maschinen steuern und bedienen		Menschen
		Zeichen- / Schreibgeräte
transportieren / lagern / verpacken		Baustoffe
Computer bedienen / programmieren		Holz / Papier
		Mess- und Prüfgeräte
bauen		Lebensmittel
kaufen / verkaufen / bedienen / beraten		Textilien / Leder
		Glas / Keramik / Edelsteine
		Büromaschinen / Büromaterialien

Die Schüler haben hier die Möglichkeiten eine Vielzahl von „Interessen" aus den drei Bereichen Tätigkeiten (='WAS?'), Arbeitsort (='WO?') und Arbeitsmittel/-gegenstände (='WOMIT?') auszuwählen und sich so ein persönliches Profil zu erstellen. Es besteht die Möglichkeit, durch einen „Info-Button" noch zusätzliche Kurzinformationen zu den einzelnen eigenen Interessen zu erhalten, und auch einen „Check" zu machen, indem man verschiedene Aussagen zu einem Interessengebiet dahingehend überprüft, ob sie einem liegen oder eher nicht. In einem zweiten Schritt kann durch die gewählte Liste der Interessenmerkmale ein Ergebnis mit den dazu geeigneten Berufen angezeigt werden. Durch Abschalten bzw. Hinzufügen von Interessen können die Schüler die angezeigte Anzahl von passenden Berufen vergrößern oder verkleinern. Die Bundesagentur für Arbeit rät den Jugendlichen sogar explizit, verschiedene Kombinationen auszuprobieren um so mehr Informationen zu erhalten. Zu den dann angezeigten Berufen hat man dann mehrere nützliche Links zu Ausbildungsprofil, Ausbildungs- u. Weiterbildungsmöglichkeiten („BERUFENET"/"KURSENET") oder Verlinkungen wie „virtueller Betriebsbesuch", „Statistische Daten" und allgemeine Links der Branche zum jeweiligen Ausbildungsberuf. Besonders hilfreich für Schüler ist auch ein Link direkt zur Suchmaske der Jobbörse der Arbeitsagentur.

Nützlich erweist sich auch der Menüpunkt „Wunschberuf, Alternativen", welcher den Benutzern hilft, eine Liste mit konkreten Alternativberufen zum Wunschberuf zu erstellen.

Alle Funktionen der Module „Meine Interessen" und „Wunschberuf, Alternativen" stehen auch im „MACH´S RICHTIG" PC-Berufswahlprogramm auf CD-Rom zu Verfügung.

In den fünf Schülerarbeitsheften (Auflistung siehe weiter oben) interessieren für die Fragestellung der Untersuchung vor allem die ersten drei Hefte, bei denen es um die Erkennung der Interessen der Schüler geht. Die Schüler sollen feststellen, dass ihre persönlichen Interessen zum Teile den Merkmalen entsprechen, durch die auch verschiedenste Berufe gekennzeichnet sind. Sie lernen, dass in einem Beruf mehrere Interessen verwirklicht werden können und dass jeder Beruf aus einer Kombination aus mehreren Merkmalen besteht. Im Gegensatz zum Internetportal und der CD-Rom bei denen den Schülern eine stärkere Benutzerführung vorgegeben ist, haben die Benutzer bei den Schülerarbeitsheften alle Freiheit in der Wahl ihrer Angaben.[91] Dies hat meines Erachtens eine intensivere Reflektionsphase der Schüler über ihre persönlichen Vorlieben zur Folge. Oftmals sind die Arbeitsaufgaben in den Heften auch wie kleine Tests gestaltet bei denen der Schüler die richtigen Antworten

---

[91] Vgl. Bundesagentur für Arbeit: Mach´s richtig - Lehrerbeleitheft. Nürnberg: Promotion Software. 2006. S.8

ankreuzen oder zuordnen soll. So sind sie aktiv dazu aufgefordert gezielt nachzudenken und ihren derzeitigen Wissensstand über die verschiedenen Berufe zu überprüfen. Sie merken dann, dass sie eigentlich über viele Berufe noch gar nicht genug Bescheid wissen und sind im Optimalfall motiviert, sich mehr Wissen über verschiedenartige Berufsbilder anzueignen.

Das Heft „Meinen Fähigkeiten auf der Spur" ist der logische nächste Schritt den ein Schüler gehen sollte. Nach dem Finden, Beschreiben und Reflektieren über persönliche Interessen muss eine Analyse seiner Fähigkeiten vorgenommen werden, denn Berufe haben bestimmte Anforderungen und oft ist den Schülern nicht bewusst in welcher Ausprägung manche Fähigkeiten vorhanden sein müssen. Die Schüler werden dazu aufgefordert sich selbst zu beobachten, auch über einen längeren Zeitraum um so zu einer möglichst realistischen Selbsteinschätzung zu gelangen. Sie sollen durch Gespräche auch mit Eltern, Freunden, Lehrern und Berufsberatern eine Fremdeinschätzung ihrer Fähigkeiten erfahren um so eine realistischere Vorstellung von ihren Fähigkeiten zu erhalten.[92]

Im Arbeitsheft sollen sich die Jugendlichen weiter z.B. auch in andere hineinversetzen und sie beurteilen: „Stell dir vor du bist Esthers bester Freund: Wie würdest du ihre Fähigkeiten einschätzen? Was könnte ihr Problem sein?"

Oder ein anderes Beispiel zur möglichen Fremdeinschätzung: Die Schüler sollen eine Tabelle ausfüllen bei der sie abschätzen und aufschreiben sollen welche Personen aus ihrem Umfeld sie wie bzgl. ihrer Fähigkeiten einstufen würden, z.B. bester Freund, Klassenkameraden, Eltern, Lehrer, Berufsberater, Betreuer im Verein.[93]

Auch sollen die Jugendlichen eine Einstufung vornehmen, inwieweit bestimmte Fähigkeiten in den jeweiligen Berufsbildern vorhanden sein müssen. So heißt es z.B. „Welche Fähigkeiten werden in den Berufen von Stefan, Silke und Corinna verlangt? Oder: Notiere die Fähigkeiten, die ganz besonders gefordert werden in den großen Feldern und die Fähigkeiten, die ebenfalls wichtig sind, in den kleineren Feldern."[94] So werden in diesem Arbeitsheft neben dem Er-

---

[92] Vgl. ebd. S.8
[93] Vgl. und siehe Bundesagentur für Arbeit: Mach´s richtig – Meinen Fähigkeiten auf der Spur. Nürnberg: Promotion Software. 2006. S.9
[94] Vgl. und siehe Bundesagentur für Arbeit: Mach´s richtig – Meinen Fähigkeiten auf der Spur. Nürnberg: Promotion Software. 2006. S.17

kennen der eigenen Fähigkeiten und deren realistischer Einschätzung, auch jene Fähigkeiten deutlich, welche in den Berufen letztendlich in welchem Maße gefordert werden.

Die Rolle der Eltern im Konzept der Bundesagentur für Arbeit

Die „Agentur für Arbeit" veröffentlicht im Rahmen ihres Berufswahl-Konzeptes monatlich ein Heft namens „MACH´S RICHTIG – Eltern & Berufswahl", welches spezielle Informationen für die Eltern von jungen Berufswählern bereithält.

In der Oktoberausgabe von 2006 gibt es einen Fragebogen für Eltern zur „Ausbildungsreife" ihres Kindes. In diesem Fall sind also nicht die Schüler aufgefordert einen Test zu studieren, sondern die Eltern sollen testen und reflektieren, ob ihr Kind schon gewisse Merkmale einer Ausbildungsreife hat. Der Fragebogen zeigt sehr deutlich und kompakt, was die Betriebe von zukünftigen Auszubildenden erwarten.

Die geforderten Fähigkeiten werden dabei nacheinander aufgelistet nach folgenden drei Kategorien:

- Schulwissen (v. a. Deutsch- und Mathematikkenntnisse sind relevant)
- Altersgerechter Entwicklungsstand und soziale Kompetenzen

   (v. a. körperliche u. psychische Belastbarkeit, mitdenken können, gewisse Umgangsformen sind relevant)
- Berufswahlreife (Selbsteinschätzungskompetenz, Informationskompetenz)

Die Eltern können ganz praktisch an der Bewältigung von Alltagsaufgaben überprüfen, ob der Sohn oder die Tochter schon eine gewisse Ausbildungsreife erreicht hat.

Beispiele wären folgende Forderungen der Betriebe mit zugehöriger Elternreflexion in Bezug auf ihr Kind:

„Sich ausdrücken und zuhören können"

→ „Kann ihr Kind z.B. von einer Schulveranstaltung zusammenhängend und umfassend berichten?"

„Merkfähigkeit"

→ „Kann ihr Kind z.B. einen kleineren Einkauf erledigen, ohne sich das Benötigte notieren zu müssen?"

„Umgangsformen"

→ „Weiß ihr Kind, dass man mit Freunden anders redet als mit Lehrern und Nachbarn?"[95]

Es ist wichtig, dass sich auch die Eltern der jungen Berufswähler sich ernsthaft der Situation annehmen und ihre Kinder aktiv unterstützen. Denn gerade die Eltern haben neben dem Berufswähler selbst den größten Einfluss auf die Berufswahl ihres Kindes.

Der *„Elternfragebogen zur Ausbildungsreife"* ist im Anhang ´A-2´ einsehbar.

Weiterhin befindet sich im Anhang ´A-3´ ein *„Berufswahlzeitplan"*, der ebenfalls für die Unterstützung der Eltern bei der Berufswahl ihres Kindes konzipiert ist. Er berücksichtigt die zeitliche Dimension der Berufsentscheidung von Vorabgangsklasse und Abgangsklasse des Jugendlichen aus Sicht der Arbeitsagentur.

3.8.3. Der Berufseignungstest „EXPLORIX"

Ein weiterer Berufseignungstest wird von der Agentur für Arbeit empfohlen. Er nennt sich „EXPLORIX" und ist an den Universitäten in Zürich und Linz in den Abteilungen „Angewandte Psychologie" (Schweiz) und „Pädagogik und Psychologie" (Österreich) weiterentwickelt bzw. für die Schweiz, Österreich und Deutschland adaptiert worden. Ursprünglich stammt der Test von John L. Holland aus Amerika und wurde bereits in den 60er-Jahren erstmals entwickelt („SDS = Self-Directed Search"). Heute bildet er mit über 500 wissenschaftlichen Studien eine einflussreiche Berufswahl-Theorie. Für die deutsche Arbeitsagentur ist eine Sonderausgabe verfasst worden mit den speziell für Deutschland geltenden Berufsbildern.

„EXPLORIX" ist ein wissenschaftliches Testverfahren, welches den Benutzern die Möglichkeit bietet, nach Angaben ihrer Interessen geeignete Ausbildungsberufe zu finden. Das Verfahren ist so konzipiert, dass man es ohne professionelle Hilfe selbstständig durchführen kann. Es ist geeignet für Jugendliche ab 15 Jahren und Erwachsene.[96]

---

[95] Vgl. und Siehe Bundesagentur für Arbeit: Mach´s richtig – Eltern & Berufswahl (Ausgabe Oktober 2006). Nürnberg: Promotion Software. 2006. S. 4,5,6,7

[96] Vgl. Jörin, Stoll, Bergmann, Eder: Explorix. Bern: Verlag Hans Huber. 2006. S.3, 23

Die Grundidee ist, dass man bei der Untersuchung von Menschen in der Einstufung ihrer Persönlichkeit verschiedene Grundtypen gefunden hat. Diese wurden mit den folgenden Buchstaben abgekürzt:

- Code R (Realistic) = handwerklich-technisch
- Code I (Investigative) = untersuchend-forschend
- Code A (Artistic) = künstlerisch-kreativ
- Code S (Social) = erziehend-pflegend
- Code E (Enterprising) = führend-verkaufend
- Code C (Conventional) = ordnend-verwaltend[97]

(Eine genauere Darstellung der einzelnen Persönlichkeitstypen befindet sich im Anhang ´A-4´.)

Jeder Mensch wird je nach Persönlichkeit einem dieser Typen zugeordnet. Die Berufe wurden nach den gleichen Gruppenmerkmalen charakterisiert. Das Ergebnis ist, dass jedem Persönlichkeitstyp auch eine bestimmte Gruppe von Berufen zugeordnet werden kann, welche ihn in der Regel interessiert und welche seinen Fähigkeiten entspricht.

Im Test selektiert die Testperson durch ankreuzen von „gern"/„ungern" oder „ja"/"nein" bestimmte Tätigkeiten nach ihren Interessen und Kompetenzen. Durch Zusammenzählen und Auswerten ihrer Kreuzchen für die Bereiche „Tätigkeiten", „Berufe", „Selbsteinschätzungen" und „Fähigkeiten" bekommt der Benutzer einen „Drei-Buchstaben-Code", z.B. „C-S-E". Dabei ist der Buchstabe „C" der Persönlichkeitstyp/Berufstyp, welcher die höchsten Summenwerte erhalten hat und wohl am ehesten dem Charakter der Testperson entspricht. Der Typ „E" ist dementsprechend der Bereich, der in der Interessenrangfolge an dritter Stelle liegt. Mit diesem persönlichen Code kann die Testperson im beigefügten „Berufsregister – Ausgabe Deutschland" Berufe ausfindig machen, welche genau oder in hohem Maße ihrem Code entsprechen. Dabei sollen alle Buchstaben-Reihenfolgen der Kombinationen des Codes im Berufsregister verglichen werden, um passende Berufe zu finden, denn auch zwei oder drei gleiche Buchstaben, welche in beiden Codes vorkommen, sind ein Zeichen guter Übereinstimmung. Abschließend wird der Hinweis gegeben, dass man sich dann mit diesem Wissen separat über die geeigneten Berufe bei an-

---

[97] Siehe ebd. S.23

deren Institutionen, z.B. Berufsberater, Agentur für Arbeit, Internet etc. informieren soll.

3.8.4. Der Berufseignungstest des „GEVA-INSTITUT"

Ein sehr verbreitetes und anerkanntes Verfahren ist das des „Geva-Instituts" aus München. Das Testverfahren misst neben den beruflichen Interessen auch persönliche, soziale und methodische Schlüsselkompetenzen, sowie Fähigkeiten wie Logik, Sprache, technisches und mathematisches Verständnis, weiter Konzentration und Allgemeinbildung. Es gibt zwei verschiedene Testversionen: einen zweistündigen Test für Hauptschüler, und für Gymnasiasten und Realschüler einen Test mit einer Dauer von vier Schulstunden.[98] Wie bei anderen Berufseignungstests auch, geben die Teilnehmer ihre berufsrelevanten Stärken und Interessen an und erhalten so dementsprechende Berufs- u. Studienvorschläge. Ein Vorteil ist, dass das Testzertifikat aufgrund seiner unabhängigen Auswertung durch das Geva-Institut in München auch zur Aufwertung der Bewerbungsunterlagen genutzt werden kann. Positiv ist weiterhin, dass der Test sehr ausführlich ist und teilweise diversen Einstellungstests von Unternehmen ähnelt. Er überprüft also zusätzlich auch die Berufseignung. Dies geschieht über einen integrierten objektiven Leistungs- und Intelligenztest. Das unterscheidet ihn von vielen anderen Berufseignungstests. Dadurch bereitet er indirekt auch auf spätere Auswahlverfahren im Rahmen von Bewerbungen vor.[99]

Laut Aussage des Geva-Institut misst der Test Folgendes:[100]

---

[98] Vgl. Geva-Institut: Berufsstart mit Profil in Bayern (Broschüre). München. 2006. S.5
[99] Vgl. ebd. S.8
[100] Siehe Geva-Institut: Welcher Beruf passt zu mir? Geva-Tests zur Berufsorientierung (Broschüre). München. 2006. S.4

Leistungsfähigkeit
- logisch-analytisches Denken
- Rechnen und Zahlenverständnis
- Sprachlicher Ausdruck
- Konzentrationsfähigkeit
- Allgemeinwissen
- Mechanisches Verständnis
- Räumliches Vorstellungsvermögen

Schlüsselqualifikationen
- Initiative
- Kommunikationstalent
- Belastbarkeit
- Teamfähigkeit u.v.a.m.

Berufliche Wünsche
- Interessen
- Motivationen
- Ziele und Werte

Im Test treten z.B. Fragestellungen und Aufgaben wie die folgenden auf:

„Welche Wortpaare stehen im gleichen Verhältnis?"

„Welches Wort bedeutet dasselbe wie das vorgegebene Wort?"

„Wie würden Sie vorgehen?" (Alltags- u. Berufssituationen bei denen kompetentes Handeln gefragt ist)

„Welche Zahnräder bewegen sich im Uhrzeigersinn?"

„Welches Bild lässt sich aus den vorgegebenen Figuren zusammensetzen?"

„Ist die Aussage richtig oder falsch?"

„Welche Figur muss an der leeren Stelle eingesetzt werden?"

„Lösen Sie die Rechenaufgaben"!

„Das würde mir beruflich Spaß machen: ..."[101]

Das Ergebnis des Geva-Tests ist sehr ausführlich. Jede getestete Person bekommt nach der Auswertung mindestens 18 Seiten (Hauptschüler 14 Seiten) durch das Institut in einem verschlossenen Umschlag zugeschickt.[102]

Der Test ist kostenpflichtig und kann entweder über die Website online durchgeführt werden oder schriftlich in Papierform. Man bekommt Rabatte wenn man sich in 10er-Gruppen anmeldet oder

---

[101] Siehe Geva-Institut: Eignungstest Berufswahl – Aufgabenheft. Form B. München. 2006. S.3ff
[102] Vgl. Geva-Institut: Berufsstart mit Profil in Bayern (Broschüre). München. 2006. S.6

ganze Schulklassen den Test im Rahmen des Berufswahlunterrichts durchführen.

3.8.5. Berufseignungstests im Internet

„JOBTEST" auf der Internetseite der Zeitschrift „UNICUM"
(http://www.unicum.de/beruf/jobtest/test_info.php)
(Entwickelt von Professor Dr. Heinrich Wottawa und der Firma „Eligo GmbH – Unternehmen für psychologische Personalsoftware")
(Stiftung Warentest 3/2007: „GUT"=1,9; „bester Onlinetest zur Selbsteinschätzung für Erwachsene)

* *Logikaufgaben:* Figürliches Erkennen und Komplementieren Zeitdruck (15 Aufgaben in 12 Minuten)

Selbsteinschätzung: Fragen zum Verhalten in allgemeinen und bestimmten Situationen (60 Fragen; Skala „trifft überhaupt nicht zu – trifft voll zu" von 1-100)

(z.B. „Ich bin ein ordentlicher Mensch", „Manchmal läuft mir die Zeit davon"; „Ich bin belastbarer als die meisten Menschen"; „Es gibt nichts was ich nicht schaffe"; „Ich arbeite sehr diszipliniert"; „Unordnung ist für mich ein Alptraum")

Kritik: Die Fragen sind sehr leicht zu beantworten und jeder Schüler kann durch die vordergründige Fragestellung erahnen, mit welchen Antworten er wohl die besten Ergebnisse erzielt.

* *Kreativität:* Verschiedene Fragen die kreative Lösungsvorschläge erfordern. Diese sind frei durch Textfelder anzugeben und sind unter Zeitdruck von je 1,5 Minuten zu lösen. Z.B. „Was kann ich mit einem Handy noch alles tun außer telefonieren?"

„Nennen Sie uns Vorschläge für einen Namen für ein neues Notebook was auf den Markt kommen soll."

Selbsteinschätzung: Fragen zum Verhalten in Konfliktsituationen/Teamwork mit Mitarbeitern (56+14 Fragen; Skala „trifft überhaupt nicht zu – trifft voll zu" von 1-100)

(z.B.: „In Diskussionen lasse ich anderen gerne den Vortritt"; „Ich bringe es nicht fertig, andere für meine Zwecke einzusetzen"; „Mit Direktheit habe ich in Konfrontationen kein Problem"; „Es hat keiner etwas gewonnen wenn die Stimmung verdorben ist"; „Ich nehme auch Gegner ernst"; „Wenn ich allein arbeite, bin ich am effizientesten"; „Es freut mich wenn mich jemand um Rat fragt")

Selbsteinschätzung: Fragen zur Motivation im Beruf (28 Fragen) („Ich möchte lieber..." : z.B. Skala „...Spass bei der Arbeit haben – ...viel Zeit für Hobbys haben"; „...viel Zeit mit Freunden verbringen – ...viel Zeit mit der Familie verbringen"; „...meine ethischen Ansprüche bei der Arbeit verwirklichen – ...viel Geld verdienen")

In Situationen aus dem Berufsalltag hineinversetzen: Fragen zum voraussichtlichen Verhalten im/bei „Projektmeeting"/„Termin"/„Fehler in Tabelle"/„Präsentation"/Der Stand der Arbeit"/„Fachsimpeln mit Kollegen"/„Krisensitzung"/... (je 12 Fragen pro Situation) (Ankreuzen: „trifft zu" – „trifft nicht zu")

(z.B.: „Hoffentlich finden die anderen keine Fehler"; „Hier kann man es sich mit anderen verscherzen"; „Man sucht den Kontakt zu Kollegen"; „In einer solchen Situation ist man zurückhaltend"; „Endlich wird der Einsatz gewürdigt"; „Vertrauen ist gut, Kontrolle ist besser")

Nach Beendigung des Tests erhält man die Nachricht dass man nach spätestens vier Wochen eine Rückmeldung per Email erhält. Diese ist sehr umfangreich und umfasst ca. 19 Seiten. Man bekommt mitgeteilt wo seine persönlichen Stärken liegen und wie die eigenen Ergebnisse bezüglich „Problemlösefähigkeit", „Selbstmanagement", „Stressresistenz", „Leistungsorientierung", „Zuverlässigkeit", „freie Kreativität", „Gewissenhaftigkeit", „Vermeiden von Fehlschlägen", „Durchsetzungsvermögen", „Teamfähigkeit" etc. ausfallen und interpretiert werden können. Des Weiteren werden Aussagen zu den bevorzugten Zielen im Beruf und Privatleben gemacht. Man erhält eine persönliche Wertetabelle, bei der je nach individuellen Angaben verschiedene Werte in einer Reihenfolge aufgelistet sind, z.B. „Ethik", „Familie", „Freunde", „Geld", „Hobby", Macht", „Spaß" und „Image. Konkrete Arbeitsstellen oder Berufsbilder werden nicht vorgeschlagen. Alles in allem ist dieser Test eindeutig der professionellste und noch dazu kostenfreie Online-Test.

„PERSPEKTIVEN-TEST" auf der Internetseite

http://www.allianz.de/start/perspektiven_tests/test_fuer_schueler/index.html?foe=71&stype=40

Dieser Test dauert ca. 45 Minuten. Nach wenigen Tagen erhält man eine individuelle professionelle Auswertung durch die Akademie der Ruhr-Universität Bochum als pdf-Datei per Email zugeschickt.

Der Onlinetest hilft beim Erkennen eigener Talente und Stärken und macht Vorschläge welche berufliche Perspektive besonders gut zu einem passt.

Die Perspektiven-Tests wurden im Auftrag der Allianz von Prof. Dr. Heinrich Wottawa von der Akademie der Ruhr-Universität Bochum, und von Prof. Reinhold Jäger, Zentrum für empirische pädagogische Forschung Landau, entwickelt.

Das Testangebot ist nahezu identisch mit dem vorherigen Angebot auf der Unicum-Internetseite. Es wird bei diesem Angebot ebenfalls mit der Stiftung-Warentest-Testsieger-Auszeichnung geworben und es war ebenso Prof. Dr. H. Wottawa an der Entwicklung des Tests beteiligt. Aus diesen Gründen wird in dieser Untersuchung auf eine ausführlichere Beschreibung dieses Tests verzichtet.

"TEST-TRAINING" auf der Internetseite
http://www.focus.de/D/DB/DB19_neu/db19.htm

Die Fachautoren Jürgen Hesse und Hans Christian Schrader beschäftigen sich seit Jahren mit dem Thema Einstellungs- und Eignungstests. Aus dem Buch „Testtraining 2000" hat das Magazin „Fokus" 330 Übungen ausgewählt.

Der Trainingslauf besteht aus drei Etappen mit insgesamt 22 Aufgabenblöcken. Man kann die Blöcke nacheinander bearbeiten oder sich Einzelne herauspicken. Reine Bearbeitungszeit für alle 330 Fragen und Übungen sind zwei Stunden und 22 Minuten.

Der umfangreiche Test ist gegliedert in:

1. Intelligenztest (79 Minuten):

Das Spektrum der Aufgaben reicht von Allgemeinwissen über Logik bis hin zur praktisch-technischen Intelligenz.

INHALT: Logisches Denken: Zahlenreihen, Figurenreihen, Domino-Serien, Sprach-Analogien, Grafik-Analogien

Kurzzeitgedächtnis: Auswendig lernen

Verbale Intelligenz: Wortauswahl

Mathematisches Denken: Maße und Gewichte, Textaufgaben

Technisches Verständnis

Räumliches Vorstellungsvermögen

Wissensaufgaben

2. *Leistungs- und Konzentrationstest* (51 Minuten):

Die Übungen geben Auskunft über das Lern- und Arbeitsverhalten allgemein, über Ausdauer und Belastbarkeit, Ordnungssinn und Sorgfalt.

INHALT: Rechentest, Schätzaufgaben, Kettenaufgaben, Buchstaben-/Zahlen-/Kombinationen, Beobachten, Zahlensuche, Tabellen-Konzentrations-Test, Wegeplan

3. *Persönlichkeitstest* (12 Minuten):

Mit mehr oder weniger durchschaubaren Fragen und Spielen wird ein Profil des Kandidaten hinsichtlich seiner Charaktereigenschaften, Wesenszüge, soziale Kompetenz, Konfliktfähigkeit etc. erstellt.

INHALT: Situationsentscheidungen, Persönlichkeitsentscheidungen

Man erhält keine konkreten Berufsempfehlungen und Auswertungen bezüglich Stärken und Fähigkeiten, welche die Testperson hat, sondern man erfährt nur, welche Aufgaben man richtig oder falsch beantwortet hat. Der Onlinetest ist so konzipiert, dass die Aufgaben als „Test-Training" anzusehen sind. Diese sind exakt den realen Berufseignungstests aus der gängigen Praxis von Unternehmen nachempfunden. Genau die dort verwendeten bestimmten Typen von Aufgaben kehren in den meisten Tests regelmäßig wieder. Dieses Internetangebot soll helfen, sich auf diese Auswahlverfahren vorzubereiten und die Tests zu „knacken".

„EIGNUNGSTEST" auf der Internetseite

http://www.uni-protokolle.de/eignungstest/

Der Test ist in verschiedene Bereiche unterteilt, die man in beliebiger Reihenfolge absolvieren kann. Man bekommt für jeden Unterpunkt ein separates Testergebnis.

- Emotionale Stabilität
- Risikobereitschaft und Mut
- Offenheit und Phantasie
- Gewissenhaftigkeit und Kontrolliertheit

- Kontaktfreudigkeit und Extrovertiertheit
- Soziale Kompetenz und Verträglichkeit

Alle Fragen sind zum Ankreuzen nach folgendem Schema:

3 = stimmt
2 = stimmt manchmal
1 = stimmt überhaupt nicht

Allerdings sind alle Fragen in den jeweiligen Unterpunkten so konzipiert, dass man jeweils das beste Ergebnis erhält, wenn man z.b. alle 15 Fragen im Bereich „Emotionale Stabilität" mit der Ziffer „3" beantwortet. Kritikpunkt wäre also dass alle Fragen sehr leicht zu durchschauen sind und von der Formulierung her alle gleich gestellt sind, sodass immer die Antwort „stimmt" das beste Ergebnis liefert. Da man als Proband dieses Schema sehr schnell erkennt und dieses auch bei jedem Testbereich gleich ist, ist ein objektives Ergebnis schwerlich zu erwarten.

Ebenfalls bekommt man keine eindeutigen und damit hilfreichen Testergebnisse. Man erhält recht standardisierte Teil-Ergebnisse auf die jeweiligen Testkategorien. Ein umfassendes, aufeinander aufbauendes Testergebnis ist nicht möglich. Auch konkrete Berufsbilder, die zu den Testergebnissen passen würden, sind nicht vorgesehen.

„Welcher Beruf ist der richtige für Sie" auf der Internetseite
http://de.tickle.com/test/rightjob.html

Bei diesem Online-Test werden dem Probanden 41 Fragen gestellt. Diese sind durch Ankreuzen zu beantworten. Die Lösungsmöglichkeiten sind hier unterschiedlich. Vom einfachen, hauptsächlichen Schema „Trifft eindeutig zu – Trifft zu – Trifft nicht zu – Trifft überhaupt nicht zu" bis hin zu speziell auf die Frage eingehenden Antworten.

Allerdings ist dies ein kostenpflichtiger Test.

(Bsp. für ein Testergebnis: „Ihre Stärken im Job: Kreativität und Strategie! Ihre persönliche Auswertung kostet nur 12,95 €!")

Man erhält als Voransicht ein „Beispiel einer persönlichen Auswertung". Darin ist zu sehen, dass das ausführliche Testergebnis konkrete Berufsvorschläge beinhaltet. Ebenso bekommt man ein konkretes Berufsprofil, Aussagen darüber welche Berufe nicht zu einem passen, und Tipps zum persönlichen Weg zum Traumberuf und wie man seine momentane Berufssituation verbessern kann.

Es wird dem Testanwender viel versprochen, wenn man das kostenpflichtige Angebot wahrnimmt. Allerdings muss man die Frage stellen, ob 41 Fragen für eine allumfassende Analyse der Persönlichkeit in Bezug auf den Beruf ausreichen. Bezeichnenderweise erfährt man erst nach Beantwortung der letzten Frage, dass der Test kostenpflichtig ist. Hinzu kommt, dass dies auch auf den Übersichtsseiten der Testplattform „tickle.com" nicht erwähnt wird.

Weitere Internetangebote mit Online-Tests sind u. a. auf diesem Internetlink zu finden:

http://www.bibb.de/de/ausbildungsinfos-online.htm

Ein noch ausführlicheres Eingehen auf weitere Online-Angebote dieser Art würde der Intention dieser Untersuchung nicht gerecht werden.

Im Folgenden eine für diese Untersuchung erstellte Vergleichstabelle, welche einen Überblick über die in dieser Untersuchung vorgestellten „Berufseignungstests" unter verschiedenen Gesichtspunkten bietet:

Anbieter	J. Hesse/ H.C. Schrader	Bundesagentur für Arbeit	Verlag Hans Huber	Geva-Institut	Allianz/Unicum-Magazin (Prof. Dr. Wottawa)	Focus-Magazin (Hesse/Schrader)
Name des Tests	"Orientierungstests für Schulabgänger"	"Mach´s Richtig"	"Explorix"	"Eignungstest Berufswahl"	"Perspektiven- Test"/"Job-Test"	"Test-Training"
Internetadresse	www.berufsstrategie-hesseschrader.de	www.machs-richtig.de	www.explorix.de	www.geva-institut.de	www.unicum.de/beruf/jobtest/test _info.php / www.allianz.de/start/perspektive n_tests	www.focus.de/D/DB/DB19_neu/db 19.htm
Medium	Print (Buch)	Print/CD-Rom/Internet	Print/Internet	Print/Internet	Internet	Internet
Preis	Neu ab 1,99eur (Amazon)	kostenlos	10,50eur / kostenlos (Agentur für Arbeit)	38eur (Schulklassen: je 19,80eur)	kostenlos/kostenlos bei Registrierung	kostenlos
Dauer des Tests	jeder Teiltest ca. 5-10 Minuten	insgesamt mehrere (Schul-) Stunden	20 Minuten	3 Stunden	ca. 90 Minuten	ca. 2,5 Stunden
Zeitdruck	nein	nein	nein	ja	ja-nein	ja
Lösungen (richtig/falsch)	nein	nein (+Lehrervorschläge)	selbstständig	ja	ja-nein	ja
Auswertung	selbstständig	selbstständig	selbstständig	vom Geva-Institut	Prof. Dr. Wottawa (Eligo-GmbH)	selbstständig
Ergebniss-Angabe	%-Angaben für Interessen je nach Berufsgebiet	Berufsbilder je nach Interesse	Berufsbilder nach Persönlichkeitstyp (Code)	Interessen, Begabungen, Schlüsselqualifikationen, Berufsvorschläge	Umfangreiche Hinweise zu persönlichen Charaktereigenschaften, Begabungen; Empfehlung von Berufsbildern	richtig/falsch (95%)
Kategorie	Orientierungstests	Orientierungstests	Orientierungstests	Orientierungs- / Leistungstests	Orientierungs-, Leistungstest	Leistungstest (95%)
Zielgruppe	junge Berufswähler: Sek I+II	junge Berufswähler: Sek I+II	Jugendliche und Erwachsene	junge Berufswähler: Sek I+II (differenzierte Tests für Haupt-/Realschule und Gymnasium)	junge Berufswähler / Erwachsene	junge Berufswähler: Sek I+II (+Erwachsene)
Zielsetzung	Interessen erkennen	Interessen und Fähigkeiten erkennen	Berufswahl und Karriereplanung	Berufswahl und Vorbereitung auf Einstellungstests / Zertifikat für Lebenslauf	Fähigkeiten erkennen, Selbsteinschätzung	Vorbereitung auf Berufseignungstests
Anwendung/ Verständlichkeit	sehr verständlich	sehr verständlich	verständlich	verständlich	sehr verständlich	sehr verständlich
Inhalt	* versch. Schwerpunkt-Interessentests (je nach Berufsgebiet)	* Test Interessen "Tätigkeiten" (WAS?)	* Test Tätigkeiten	* Test persönliche, soziale und methodische Kompetenzen	* Logikaufgaben	* Intelligenztest
	* Test Interessen-Intensität	* Test Interessen "Arbeitsort" (WO?)	* Test Fähigkeiten	* Test sprachliche und rechnerische Leistungen	* Selbsteinschätzung	* Leistungs- und Konzentrationstest
	* Test Interessen-Ausrichtung	* Test Interessen "Arbeitsmittel" (WOMIT?)	* Test Berufe	* Test logisches Denkvermögen, räumliche Vorstellung, Konzentrationsfähigkeit	Problemlösefähigkeit, Zuverlässigkeit, Konfliktverhalten, Teamfähigkeit	* Persönlichkeitstest (5%)
	* Test Selbstbild-Selbsteinschätzung	* "Reflektionstests": Interessen, Fähigkeiten	* Test Selbsteinschätzungen	* Test Allgemeinwissen	* Kreativität	
	* Test Ausbildung oder Studium		persönlicher Code (3- Buchstaben)	* Test Berufsmotive-u.-interessen	* Berufsmotivation	
					* Ziele/Werte im Berufs- und Privatleben	

Im Anhang ´A-6´ ist in diesem Zusammenhang ein Testbericht der „Stiftung Warentest" (speziell: „Finanztest") zum Thema „Onlinetests zur Selbsteinschätzung" einsehbar.

3.9. Kategorisierung/Unterscheidungsmerkmale von Berufseignungstests

Eine erste Klassifizierung von Berufseignungstests bezieht sich auf den *Zeitpunkt* zu dem Jugendliche mit Berufseignungstests konfrontiert werden:

* **(Freiwilliges) Durchführen von Berufseignungstests** die der Schüler *VOR seiner* bzw. im Rahmen seiner *Berufserstwahl* macht um seine Neigungen, Interessen und Fähigkeiten kennenzulernen. Dabei soll der Schüler zu einer realen Selbsteinschätzung seines Selbst gelangen und somit Handlungskompetenz erwerben. Oftmals werden diese Art von Tests auch „Orientierungstests" oder „Interessentests" genannt. Sie können ganz allgemeine Interessen, Neigungen und Motive der Testperson abfragen (z.B. bestimmte Berufstätigkeiten mit „interessant" oder „eher uninteressant" bewerten), aber auch von ihrem Konzept her stark an Einstellungstests angelehnt sein. In diesem Fall erfahren die Testpersonen verstärkt etwas über ihre Fähigkeiten statt über ihre Interessen und Vorlieben.

* **Berufseignungstests bzw. „Berufseinstellungstests" von Unternehmen** im Rahmen eines Bewerber-Auswahlverfahrens auf einen konkreten Ausbildungsplatz oder eine Arbeitsplatz-Stelle hin.

In diesem Fall hat der Jugendliche seine Berufswahl schon sehr konkretisiert und sich für einen Ausbildungsplatz entschieden. Die Durchführung des Tests ist in diesem Falle eine Stresssituation und sie wird von Unternehmen durchgeführt bei denen man sich beworben hat. Die Tests werden in diesem Fall *NACH der getroffenen Berufswahl* durchgeführt.

Eine Tatsache ist, dass Verfasser und Anbieter von Berufseignungstests aus unterschiedlicher Motivation heraus diese durchführen und anbieten. Man kann unterscheiden zwischen kommerziellen und nichtkommerziellen Absichten der Anbieter:

* MOTIVATION: nichtkommerziell

- Durchführung/Thematisierung von Tests an Schulen durch Lehrkräfte (Motivation: staatlicher Bildungsauftrag)

- Arbeitsämter und ihre Berufsberater/Test-Computer (Motivation: staatlicher Berufsberatungsauftrag)
- Anbieter von Webseiten mit kostenfreien Tests (Motivation: Informationen/Testangebote anbieten) (u. A. auch Hinweise/Links auf professionelle u. kommerzielle Berufsberater- Angebote)

* MOTIVATION: kommerziell

- Institute die mit Schulen zusammenarbeiten (z.b. „Geva-Institut")
- Autoren von Büchern mit diversen Berufseignungstests
- Anbieter von Webseiten mit kostenpflichtigen Tests
- Freie Berufsberater mit professionellem Beratungsangebot
- Einstellungstests / Auswahltests / Berufseignungstests von Firmen im Rahmen des Bewerbungsverfahrens bei Arbeits-/ und Ausbildungsplätzen

„Berufseinstellungstests" lassen sich bezüglich ihres *Inhalts* und ihrer *Organisationsform* nach folgenden übergeordneten Kategorien klassifizieren:[103]

Kenntnisprüfungen

Hierbei wird Schulwissen und Allgemeinwissen abgefragt. Man verlässt sich heutzutage nicht mehr allein auf die Zeugnisse welche die Bewerber einreichen. Bei Kenntnisprüfungen ähneln die Aufgaben denen aus der Schulzeit (z.B. Rechenaufgaben, Diktate, Multiple-Choice-Aufgaben, Aufsätze verfassen etc.)

Psychologische Testverfahren

Diese Testverfahren wurden von Psychologen entwickelt. Sie sind oftmals so konzipiert, dass die Testpersonen auf Anhieb nicht genau erkennen können was in diesem Verfahren getestet wird.

Psychologische Testverfahren bestehen meist aus zwei Hauptbestandteilen: „Psychologische Leistungstests" und „psychologische Selbsteinschätzungsbögen."

---

[103] Vgl. und siehe Hörmann, A. (2000-2007): „Berufswahl-Tipps"- Abschnitt „Einstellungstest". Zugriff am 24.07.2007 unter http://www.berufswahl-tipps.de/startseite.htm

Bei den Leistungstests wird die grundsätzliche Begabungsstruktur eines Bewerbers abgefragt (logisches Denken, Sprachverständnis, Umgang mit Zahlen, räumliches Vorstellen, technisches Grundverständnis und die Stützfunktionen der Intelligenz Merkfähigkeit und Konzentrationsfähigkeit).

Psychologische Selbsteinschätzungsverfahren zielen darauf ab, ein Bild davon zu bekommen, wie der Bewerber seine Persönlichkeitseigenschaften oder auch Interessen selbst einschätzt. Dabei erhofft man sich herauszufinden, welche Eigenheiten und Vorlieben eine Person charakterisieren und zu welchem Verhalten sie demzufolge neigt.

Rüdiger Hossiep unterscheidet in diesem Fall zwischen „Fähigkeitstests" (= Intelligenz- und Leistungstests) und „Persönlichkeitstests" (z.B. Interessen-, Wahl-, Neigungs-, Motivationstests).[104]

Praktische Tests

Vor allem in handwerklichen und gestalterischen Berufen ist es üblich, dass der Bewerber praktische Arbeiten abliefern muss, entweder schon im Rahmen seiner Bewerbung, z.B. in Form einer „Mappe", oder aber vor Ort im Auswahlverfahren.

Assessment-Center

Assessment-Center sind dadurch gekennzeichnet, dass die Verhaltensleistungen der Testpersonen von mehreren Beobachtern gleichzeitig in Bezug auf verschiedene Verhaltensdimensionen in mehreren Übungen beobachtet werden. Es gibt Einzel-Assessment-Center oder auch für Gruppen mit mehreren Personen. Die Beobachter sind in den meisten Fällen erfahrene Führungskräfte, Personalfachleute oder auch Psychologen. Ein Assessment-Center dauert in der Regel zwischen einem und drei Tagen.

Des Weiteren können Berufseignungstests ganz speziell nach ihren zu *testenden Fähigkeiten* der Bewerberauswahl unterschieden werden. Je nach Berufsbild enthalten Berufseignungstests verschiedene Elemente der folgenden wichtigsten Testmerkmale:

1. logisches Denken
2. technische Begabung
3. Kreativität

---

[104] Vgl. Hossiep, R.: Berufseignungsdiagnostische Entscheidungen. Göttingen: Hogrefe Verlag. 1995. S.37

4. Konzentration
5. Gedächtnis
6. Sozialverhalten EQ („Emotionale Intelligenz")
7. Verhandlungsgeschick
8. technisches Verständnis
9. räumliches Vorstellungsvermögen
10. praktische Fähigkeiten
11. Rechtschreibung
12. mathematische Kenntnisse
13. sprachliche Begabung
14. schriftlicher Ausdruck[105]

3.10. Bearbeitungsregeln bei Einstellungstests

Im Schulunterricht ist oftmals nicht genug Zeit vorhanden, um diverse Berufseinstellungstests komplet durchzuführen und zu üben. Meist bleibt es bei dem Hinweis auf die Existenz dieser Tests und einer kurzen Reflektion darüber. Wichtig ist aber zusätzlich, dass den jungen Berufswählern Lösungsvorschläge zum Umgang mit diesen Testverfahren (Auswahltests) im Unterricht näher gebracht werden.

Im Folgenden eine Zusammenfügung verschiedener Ratschläge von Fachautoren:

- Achtet genau auf die Testanweisungen. Nutzt die Zeit der Aufgabenerklärung zu Beginn der Tests. Seht Euch vorher die Beispielaufgaben gründlich an. Bei Unklarheiten fragt noch einmal den Testleiter.
- Arbeitet schnell aber auch sorgfältig, und lasst Euch durch nichts ablenken. Im Zweifelsfalle lieber schnell raten als gar keine Lösung angeben. (Nicht an einer Aufgabe hängen bleiben.) (Achtung: Punktabzug bei falschen Antworten bei manchen Testarten!)

---

[105] Siehe Siewert, H.: „Berufseignungstests souverän meistern". Frankfurt: Redline Wirtschaft. 2005. S.14

- Es ist ganz normal, dass die Zeit nicht ausreicht um alle Aufgaben zu lösen. Nicht verunsichern lassen.
- Bleibt ruhig und gelassen. Nehmt auf keinen Fall Alkohol, Medikamente etc. zur Beruhigung ein. Schon ein Schluck Alkohol reduziert die Konzentrationsfähigkeit und Schnelligkeit.
- Wenn ihr mit einer (Teil-)Aufgabe schon vor der Zeit fertig seid, geht evtl. diesen Abschnitt noch einmal durch und kontrolliert Euer Ergebnis.
- Strategie bei verschiedenen Antwortmöglichkeiten: Versucht falsche Lösungen zu eliminieren („Ausschlussstrategie"). Es ist leichter, z.b. unter zwei verbleibenden Möglichkeiten auszusuchen.
- Bei längeren mehrstündigen Tests: Nehmt Euch etwas Ess- bzw. Trinkbares mit.[106]

3.11. Der „psychologische Dienst" der Bundesagentur für Arbeit und seine „Berufswahltests"

Am 26. Juli 2007 führte ich mit Frau Moolenaar, Leiterin des „psychologischen Dienstes" der Bundesagentur für Arbeit in Frankfurt ein ca. einstündiges Gespräch. Ich erhielt Einblicke in die Aufgaben des Dienstes für die Jugendlichen bei ihrer Berufswahl:

Der psychologische Dienst tritt ein, wenn bei Jugendlichen und auch Erwachsenen Probleme bei der Berufswahl oder einer beruflichen Neuorientierung auftreten. Ausschließlich ausgebildete Psychologen arbeiten bei diesem Dienst der Arbeitsagentur. Er wird z.B. in Fällen genutzt, bei denen der Berufsberater der Arbeitsagentur sich nicht sicher ist, ob überhaupt eine berufliche Eignung für einen bestimmten Beruf vorliegt. Denn oft bestehen Bedenken, dass die Berufsschule und eine bestimmte Ausbildung für manche Jugendliche unter normalen Bedingungen nicht möglich sind. Der psychologi-

---

[106] Vgl. Hesse, J.; Schrader, H. C.: Eignungstests. Zugriff am 29.08.2007 unter http://www.stepstone.de/pb/de%5Find/eignungstests.html
Vgl. Grasboeck -The Center Of Competence®: Einstellungstests-Testvorbereitung. Zugriff am 29.08.2007 unter
http://www.grasboeck.com/azubiseite/karriere/start.htm?http://www.grasboeck.com/azubiseite/bewerbung/test.htm
Vgl. Hesse, J.; Schrader, H. C.: Der Testknacker. Frankfurt: Eichborn Verlag, 2004. S.9

sche Dienst überprüft dabei mit wissenschaftlichen Tests das Niveau der Fähigkeiten und kommt so zu einer Einschätzung. Die Mitarbeiter führen auch Gespräche (ohne Tests) mit Jugendlichen die Auffälligkeiten im Arbeits- und Sozialverhalten zeigen, und versuchen die Ursachen dafür zu finden und den Jugendlichen zu helfen. Bei bestehenden Lernbehinderungen oder Lernbeeinträchtigungen bietet der Dienst der Arbeitsagentur Hilfen an, damit diese Jugendlichen auch in die Berufswelt eintreten können. In solchen Fällen wird mit verschiedenen Trägern zusammengearbeitet, z.b. dem „Berufsbildungswerk Südhessen" (BBW) in Karben. Dort finden Jugendliche besondere Lernbedingungen vor, bei denen Sozialpädagogen und Therapeuten mit ihnen z.B. Deutsch und Rechnen trainieren, damit eine Ausbildung möglich ist. Finanziert werden solche Maßnahmen von den Geldern der Berufsberatung der Arbeitsagentur. Beim BBW können die Jugendlichen zusätzlich eine staatlich anerkannte Ausbildung absolvieren, z.B. verschiedene Ausbildungen in den Bereichen Metall, Gastronomie, Farbe, Gartenbau, Bekleidung etc. Weitere Träger, welche aber lediglich „berufsvorbereitende Maßnahmen" anbieten und die Schüler zur Ausbildungsreife und Berufsreife führen, sind im Land Hessen z.B. das „Haus der Volksarbeit", das „Internationale Familienzentrum" oder das „Zentrum für hessischen Handel".

Beim psychologischen „Berufswahltest" (BWT), der vom psychologischen Dienst angewendet wird, werden im ersten Teil „Kenntnisüberprüfungen" durchgeführt. Dies können im Rechnen die vier Grundrechenarten und Prozent-/Dezimalrechnungen sein, oder im Bereich Deutsch ein standardisiertes Diktat, welches dann mit anderen Hauptschülern und Realschülern verglichen wird. Neben den reinen Kenntnisüberprüfungen werden im zweiten Teil „Fähigkeitstests" durchgeführt, d.h. Leistungstests welche auch unter Zeitdruck stattfinden:

Fähigkeitstests/Leistungstests:

- Verbaler Teil / Sprachverständnis
- Numerischer Bereich, zahlengebunden: Textrechenaufgaben, Zahlenreihen (Zahlenlogisches Denken)
- Anschauungsgebundenes Denken:
  - Räumliches Verständnis (z.B. Seiten von Objekten zählen)

- Technisches Verständnis (z.B. Zahnräder: Drehrichtungen erkennen)

- Geometrisch-Optisches Verständnis (z.B. spiegelverkehrte Figuren zeichnen)

• Logisches Denken: „SPM-Test" (= „Standard-Matritzen-Test")

Je nach Berufswunsch des Jugendlichen werden verschiedene Fähigkeiten getestet, z.b. sind bei einem Kfz-Mechaniker die Rechtschreibkenntnisse nicht ganz so elementar wichtig wie im kaufmännischen Bereich.

Dieser „Berufswahltest" (BWT) wurde zuletzt im Jahr 2003 geändert. Es werden in regelmäßigen Abständen die Normen für das Testverfahren von der „Testzentrale" der Bundesagentur für Arbeit überarbeitet.

Interessant war die Aussage der Leiterin des psychologischen Dienstes, dass manche Fähigkeiten nur bedingt trainier- und erlernbar sind. Es gibt sozusagen Fähigkeitseinschränkungen bei Jugendlichen die genetisch bedingt sind, und die man einfach akzeptieren muss.

Laut Aussage von Frau Moolenaar sind solche Fähigkeitstests objektiv reliabel und verifizierbar, da sie auf wissenschaftlichen Erkenntnissen aus dem Bereich der Psychologie aufbauen. Der psychologische Dienst macht die Erfahrung, dass bei gleichen Testpersonen auch nach einigen Jahren später noch die gleichen Ergebnisse zustande kommen, das Profil in den meisten Fällen annähernd identisch bleibt. Diese Praxiserfahrungen unterstützen die Glaubwürdigkeit und Aussagekraft von wissenschaftlichen Testverfahren bezüglich der Berufseignung. Allerdings muss dabei auch immer beachtet werden, dass alle Jugendlichen im „Berufswahlalter" noch in Selbstfindungsprozessen stehen, und bei Testfragen die rein nach den Interessen und nicht nach den Fähigkeiten der Jugendlichen fragen, immer noch Veränderungen auftreten können im Bereich der angestrebten Berufswünsche.

Im weiteren Verlauf des Gespräches wurden Frau Moolenaar diverse Fragen zur Rolle der Schule in Bezug auf die Berufswahl und insbesondere Funktion und Bedeutung von Berufseignungstests im Schulunterricht gestellt.

Frau Moolenaar merkt an, dass zu viele Schüler in der heutigen Zeit Probleme in den Grundrechenarten und in der Rechtschreibung haben. Sie vermutet, dass dies mit den veränderten Kommunikationsarten untereinander zusammenhängt, z.B. mit den vielen Handy-Kurznachrichten („SMS") und Emails, die oft bewusst Regeln der deutschen Rechtschreibung ignorieren und missachten. Auch fehlt vielen Jugendlichen eine realistische Einschätzung über Berufe. Es herrschen noch viel zu häufig Traumberufe in den Köpfen der Schüler vor, welche für sie und ihre zugehörigen Schulleistungen unerreichbar sind. Hierbei werden Angebot und Nachfrage auf dem Ausbildungsmarkt nicht richtig eingeschätzt oder vollkommen unberücksichtigt.

Vielen jungen Menschen fehlt dazu eine persönliche Reflektion darüber warum ein Arbeitgeber sie einstellen sollte. Sie machen sich zu wenig Gedanken, welche Fähigkeiten sie mitbringen und warum sie die richtigen Personen für eine bestimmte Berufsausbildung sind.

Weiterhin meint Frau Moolenaar, dass Schüler und Eltern nicht zuviel erwarten sollten von den Testverfahren, welche der psychologische Dienst anbietet. Man sollte Testergebnisse nicht als endgültiges Urteil begreifen, sondern eher als Anregung für neue, den Fähigkeiten entsprechende Berufsrichtungen, oder als Bestätigung für eine bereits getroffene Berufswahl. Die aus den Ergebnissen bescheinigten Schwächen und Stärken in der Begabung sollte man aber dennoch ernst nehmen. Denn wenn unbedingt ein „Traumberuf" erlernt werden möchte, für den man nicht die passende Eignung mit sich bringt, kann das im späteren Beruf, selbst wenn man einen Ausbildungsplatz erhalten hat, mit hoher Wahrscheinlichkeit Frustrationen und Misserfolg mit sich bringen.

Ein weiteres Manko besteht darin, dass Berufserstwähler die Fähigkeitserhebungen (Psychologische Tests) nicht in Zusammenhang mit ihrer persönlichen Berufswahl bringen („Als Kfz-Mechaniker muss ich doch etwas ganz Anderes machen als hier bei den Tests"). Hier ist die Erfahrung der Arbeitsagentur, dass manche Schulen sehr ausführlich den Sinn der Testverfahren im Unterricht reflektiert haben. Einige Schüler reagieren sehr wissend und diszipliniert auf die Durchführung der Berufswahltests. So zeigt sich, dass die Schule, und speziell ihr Arbeitslehreunterricht, in einigen Fällen schon sehr gute Arbeit leistet, und den Sinn und Zweck dieser Tests im Unterricht reflektiert. Frau Moolenaar spricht sich eindeutig für eine Reflektion über Berufseignungstests im Unterricht aus. Auch eine exemplarische Durchführung von Berufseignungstests wie sie später im Bewerbungsverfahren um Ausbildungsplätze auftreten, hält sie im Unterricht für sinnvoll.

Doch herrscht hier noch Handlungsbedarf, da weder bundesweit noch regional ein einheitliches verbindliches Konzept über die Behandlung von Berufseignungstests im Arbeitslehreunterricht, noch zur Berufswahl von Jugendlichen existiert. Angesichts der großen Relevanz des Themas Berufswahl für die Jugendlichen selber wie auch für die deutsche Wirtschaft bzw. Gesellschaft, wäre es durchaus sinnvoll, dass der Staat ein einheitliches Konzept zur Berufswahl und die Behandlung von Berufseignungstests mit Fachleuten entwickeln würde. Dies würde zur Minimierung volkswirtschaftlicher Kosten führen. Vor allem aber könnte eine effektivere und qualitativ hochwertigere Berufswahl mit weniger Ausbildungsabbrechern durchgesetzt werden. Misserfolgserlebnisse junger Menschen würden reduziert werden, was sich nur positiv auf die Persönlichkeitsentwicklung jedes Einzelnen auswirken würde.

4. Berufseignungstests als Unterrichtsgegenstand der Arbeitslehre

Die zentrale Frage dieser Untersuchung besteht darin, die Bedeutung und Funktion von Berufseignungstests als Gegenstand des Arbeitslehreunterrichts herauszuarbeiten. Dazu wurde in den vorausgegangenen Abschnitten auf die Themen Berufswahl, Berufswahlmodelle und das Wesen von Berufseignungstests an sich eingegangen. An manchen Stellen wurden schon einige Anmerkungen in Bezug auf die Behandlung von Berufseignungstests im Schulunterricht gemacht.

Der folgende inhaltliche Abschnitt soll diese noch einmal verdeutlichen und zusammenfassen.

Wie bereits festgestellt wurde, gibt es verschiedene Arten von Berufseignungstests. Die einen zielen vorrangig auf Erkundung der persönlichen Interessen ab. Häufig werden hierbei zu Beginn Neigungen und Berufswünsche grob in übergeordneten Formen von Tätigkeiten oder Berufsbildern erfragt (z.B. „kaufen/verkaufen", „gestalten/entwerfen"; „behandeln/pflegen" etc.). Auch tauchen in diesen Tests des Öfteren Fragen nach Vorlieben für bestimmte Schulfächer und Hobbys auf.

Diese Art von Tests wird oftmals *„Berufsorientierungstests"* genannt.

Die zweite Art von Berufseignungstests findet man häufig unter der Bezeichnung *„Auswahl- oder Einstellungstests"*. Bei diesen Tests werden gezielt, hauptsächlich von Unternehmen, ganz spezifische Fähigkeiten wie Intelligenz, Kreativität, räumliches Vorstellungsvermögen, Belastbarkeit in Stresssituationen und ähnliche Eigenschaften der zu testenden Person hinterfragt.

Es ist wichtig, diese beiden Test-Typen zu unterscheiden und zu klassifizieren, da beide differente Zielsetzungen haben und eine genaue Benennung den Umgang in Literatur und Gespräch einfacher machen.

So ist es notwendig und folgerichtig, dass Berufseignungstests auch im Arbeitslehre-Unterricht nach diesen beiden Einteilungsbegriffen verschiedenartig behandelt werden sollten.

4.1. Berufseignungstests in Form von „Orientierungstests" als Unterrichtsgegenstand

Hauptgegenstand dieser Art von Berufseignungstests ist, wie bereits genannt, das Erkennen und Finden der persönlichen Neigungen und Interessen der jungen Berufserstwähler.

„Berufsorientierungstests" stellen gezielte Fragen zu Vorlieben, ob jemand beispielsweise gerne mit Kindern arbeitet, im Freien oder auch am Computer. Sie fragen nach Stärken in bestimmten Schulfächern und nach Hobbys. Manche Berufsorientierungstests sind sehr detailliert und allumfassend ausgelegt und können im Ergebnis sehr individuell und dadurch eine Hilfe bei der Berufswahl sein. Oft decken die Tests zumindest grob jedes Berufsfeld und die dazu gehörigen Gegebenheiten und Anforderungen ab. Sie ermitteln aus den gegebenen Antworten eine Art individuelle Schablone und zeigen die Berufsfelder an, die mit den Wünschen und Fähigkeiten am besten übereinstimmen.

Zwar kann heute nicht mehr zwingend davon ausgegangen werden, dass jemand in ein und demselben Beruf ein Leben lang tätig ist, aber dennoch ist eine falsche Berufserstwahl nicht rückgängig zu machen und sämtliche „Stationen" in der Berufslaufbahn tauchen im Lebenslauf auf. Wenn eine Neuorientierung in einem anderen Berufsfeld erfolgt, so könnte eine „korrigierte" Berufsentscheidung - zumindest auf den ersten Blick - negativ wirken. Es könnte der Eindruck entstehen, dass sich die betreffende Person nicht ernsthafte Gedanken um seine Zukunft gemacht hat.

Aber nicht immer weiß ein junger Mensch genau, wo seine Interessen und Stärken liegen, und noch weniger Jugendliche wissen, wie vielfältig eigentlich die Möglichkeiten sind, die sie haben.

Berufseignungstests sind daher eine geeignete Möglichkeit, die eigenen Vorlieben und Interessen herauszufinden, sie zu entwickeln oder sie noch einmal bestätigen zu lassen. Bei absoluter Unschlüssigkeit kann ein solcher Test Aufschluss über die zur Verfügung stehenden sinnvollen Möglichkeiten geben. Wenn schon eine ungefähre Vorstellung von der angestrebten Wunschlaufbahn besteht, weisen gut konzipierte Tests auf eventuelle Nachteile hin oder aber bestätigen den optimalen Weg gewählt zu haben.

Der Arbeitslehrelehrplan in Hessen schreibt genau diese Ziele für die achte Schuljahrgangsstufe vor: „…die eigene Berufserwartung:

Was kann ich? Was traue ich mir zu? Was möchte ich tun? Was steht mir offen? Wer und was beeinflusst meine Berufswahl?"[107] Ebenso wird im Lehrplan explizit auf die „Selbsterkundungsprogramme (Materialien der Berufsberatung, Texte, sowie IT-Medien)" im zugehörigen Bereich „Arbeitsmethoden der Schülerinnen und Schüler/Hinweise und Erläuterungen"[108] hingewiesen. Es ist so nur konsequent, dass Schulen sich dieser Art von Berufseignungstests bedienen und sie im Unterricht thematisieren sollten. Die Schule hat die Aufgabe, Jugendliche bis zum Abschluss der Jahrgangsstufe 9 folgende Kenntnisse und Einsichten zu vermitteln: „...Berufsfelder- und bilder und die damit verbundenen Anforderungen unter besonderer Berücksichtigung regionaler Gegebenheiten; Realistische Einschätzung der eigenen Fähigkeiten.."[109]

So ist es eindeutig, dass der hessische Lehrplan eine Beschäftigung mit Berufseignungstests im Arbeitslehreunterricht vorsieht. Es stellt sich dabei die Frage, zu welchem Zeitpunkt oder zu welchen Zeitpunkten dies am sinnvollsten im Unterricht umgesetzt werden soll.

Zu berücksichtigen ist, dass die Berufserstwahl zwar eine einmalige Entscheidung ist, jedoch aus einem Prozess der persönlichen Entwicklung hervorgeht (Vgl. Abschnitt 2.3.2 „Berufswahl als Entwicklungsprozess"). Je früher man also beginnt, Schüler auf das „Ereignis" der Berufswahl vorzubereiten, desto stabiler und sicherer werden sie eine wohlüberlegte Berufswahl treffen können. In der Unterrichts-Praxis der meisten Schulen in der Bundesrepublik Deutschland wird das Thema Berufswahl erstmalig in der Abgangs- und Vorabgangsklasse aufgegriffen. Das könnte unter Umständen etwas zu spät sein. Es wäre sinnvoll, auch schon ab der 7. Jahrgangsstufe einführende Problemstellungen der Berufswahl im Unterricht zu thematisieren. Besonders Berufseignungstests in Form von „Orientierungstests" könnten durchaus schon zu diesem Zeitpunkt sinnvoll eingesetzt werden und das Bewusstsein der Jugendlichen für die Notwendigkeit einer Berufswahl nach der Schule schärfen.

Ein weiteres Argument für eine frühzeitigere Beschäftigung mit Berufseignungstests in Form von „Orientierungstests" sind Forschungsergebnisse aus dem Jahr 1996 des „Instituts für Arbeits-

---

[107] Siehe Hessisches Kultusministerium (Hrsg.): Rahmenplan Arbeitslehre - Bildungsgang Hauptschule. Jahrgangsstufen 5 bis 9/10. S.23
[108] Siehe ebd. S.23
[109] Siehe ebd. S.35

markt- und Berufsforschung der Bundesanstalt für Arbeit". So stellte das Institut fest, dass 28% der befragten 1600 Schüler in Abgangsklassen der SEK I noch kein konkretes Berufsziel oder Ausbildungsziel hatte:

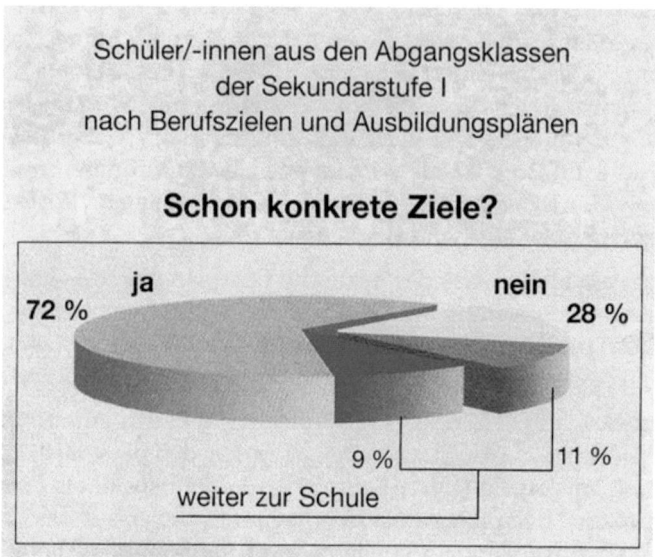

Abb. 7: Konkrete Berufsziele der Abgangsklassen der SEK I[110]

Von diesen 28% planen 11% weiter zur Schule zu gehen. Dies hängt zu einem Großteil damit zusammen, dass Jugendliche, die noch kein festes Berufsziel haben, wesentlich häufiger den Besuch einer weiterführenden allgemeinbildenden Schule planen als jemand mit konkreten Berufsabsichten. Über ein Viertel aller Schulabgänger stellt eine fast schon irritierend hohe Anzahl von Jugendlichen dar, welche noch keine genauen Berufsziele oder Ausbildungspläne haben (siehe Abb. 7). Dies spricht dafür, dass Berufsberatung effektiver und frühzeitiger in all seinen Facetten einsetzen muss. Folgerichtig wäre auch der Unterrichtsgegenstand „Berufsinteressentests"/„Orientierungstests" ohne Bedenken schon im siebten Schuljahr zu rechtfertigen.

Neuere Zahlen auf diesem Gebiet liefert eine Studie des „Deutschen Jugendinstituts" (DJI) in München aus dem Jahre 2004. Sie unter-

---

[110] Siehe IAB (Kleffner, A.; Lappe, L. u. a.): Fit für den Berufsstart? Materialien aus der Arbeitsmarkt und Berufsforschung. Nürnberg. 1996. S.7

suchte die Pläne von 2400 Hauptschülern im letzten Schuljahr und stellt fest, dass es in unserer heutigen Zeit erhebliche Probleme gibt beim Übergang von der Schulzeit in das Berufsleben:

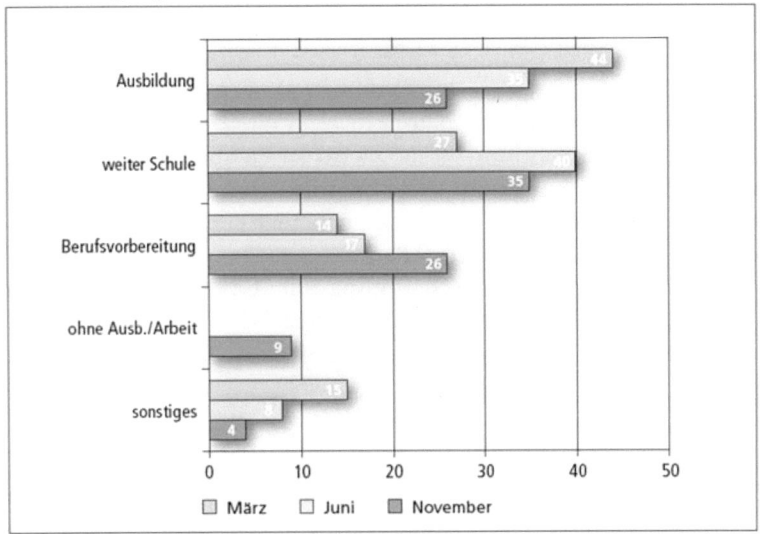

Abb. 8: Pläne und Realisierungen von Hauptschülern im letzten Schuljahr (2004)[111]

Die Schüler hatten ihre Pläne zwischen März und Juni in vielen Fällen gründlich revidiert. Der Monat November repräsentiert den Zeitpunkt der letztendlich getroffenen Entscheidung: Innerhalb nur weniger Monate wurden Bildungs- und Ausbildungsziele - zum Teil mehrfach – revidiert. Während die Schüler im Juni 2004 weitere Schulbesuche zur Kompensation nicht realisierbarer Ausbildungsziele geplant hatten, sind in der Zeitspanne von Juni bis November die Berufsvorbereitungsangebote (meist 1-jährig) als quantitativ wichtigster Ausweg zur Realität geworden (siehe Abb. 8).

Es gibt mehrere Ansätze um diese repräsentativen Zahlen zu erklären. So ist der Ausbildungsstellenmarkt für Hauptschüler durch die derzeitige allgemeine Lehrstellenknappheit schwieriger zugänglich geworden als noch vor einigen Jahren. Verstärkend kommt hinzu, dass Hauptschüler wegen dieser Knappheit mit Realschülern und Gymnasiasten um Ausbildungsstellen konkurrieren. Als Konse-

---

[111] Siehe Deutsches Jugendinstitut: Schule - und dann? Schwierige Übergänge von der Schule in die Berufsausbildung. Zugriff am 3.8.2007 unter: http://www.dji.de/bibs/276_6072_Schuleunddann_2006.pdf. S.11

quenz planen viele dieser jungen Berufswähler weitere Schulbesuche, um höhere Bildungsabschlüsse zu erreichen und ihren Berufswünschen näher zu kommen.[112]

Ein zweiter Erklärungsansatz ist, dass sich Schüler einfach (noch) zu unsicher fühlen, um eine endgültige Entscheidung bezüglich ihrer Berufswahl treffen zu können. Sie wissen oft nicht genau welche Berufslaufbahn sie in ihrem späteren Leben einschlagen wollen und zögern diese Entscheidung oft möglichst lange hinaus. Sie gehen auf weiterbildende Schulen, um sich einen Entscheidungsspielraum offen zu halten und ihre Chancen zu optimieren. In diesem Zusammenhang besteht ein höherer Beratungsbedarf, welcher teilweise durch eine frühzeitigere Beschäftigung mit „Orientierungstests" im Schulunterricht kompensiert werden könnte.[113]

Aufgrund der genannten persönlichen Unsicherheit und des noch nicht vollends entwickelten Selbstbewusstseins der Schüler ist es häufig so, dass Testergebnisse (in Form von Berufswünschen) oft von der aktuellen „Tagesform" der Testpersonen abhängig sind. Jugendliche im Schulalter sind noch sehr offen für andere Meinungen und Ansichten, sind leicht beeinflussbar durch Meinungen aus ihrem Umkreis (z.B. Freunde, Eltern). Schülern sollte im Unterricht bewusst gemacht werden, dass ein Testergebnis nur eine „Orientierungshilfe" sein kann, und man seine Entscheidung auf keinen Fall von einem einzigen Testergebnis abhängig machen sollte. Darum ist es ratsam, dass Jugendliche möglichst viele Tests absolvieren. Aufgrund des limitierten Zeitbudgets im Schulunterricht sollte dies zusätzlich auch außerhalb der Institution Schule geschehen. Speziell für den Schulunterricht bietet die Broschüre „Mach´s richtig" der Bundesagentur für Arbeit recht gute Hilfen. Es wäre sinnvoll, dieses Materialangebot über einen Zeitraum von drei Jahren (7./8./9. Jahrgangsstufe) im Schulunterricht zu nutzen.

4.2. Berufseignungstests in Form von „Einstellungstests" als Unterrichtsgegenstand

„Einstellungstests" sind eine Form von Berufseignungstests, welche die Berufswähler vorab im angestrebten Unternehmen machen, um

---

[112] Vgl. ebd. S.11ff
[113] Vgl. IAB (Kleffner, A.; Lappe, L. u. a.): Fit für den Berufsstart? Materialien aus der Arbeitsmarkt- und Berufsforschung. Nürnberg. 1996. S.21

einen Ausbildungsplatz oder eine Arbeitsstelle zu erhalten. Sie sind somit ein zentraler Bestandteil des Berufswahlprozesses.

Sie prüfen die unmittelbaren Fähigkeiten und Leistungsmöglichkeiten, welche die Interessenten für die angebotene (Ausbildungs-) Stelle mitbringen. Sie haben durch ihre Objektivität und wissenschaftliche Konzeption einen entscheidenden Einfluss auf die Berufslaufbahn von Jugendlichen und werden von Personalverantwortlichen in der Regel standardisiert genutzt. Sie entscheiden häufig darüber, welcher Bewerber letztendlich die Arbeitsstelle erhält. Die Thematisierung dieser sog. „Auswahltests" oder „Einstellungstests" im Arbeitslehreunterricht ist deshalb wichtig und notwendig.

Im Folgenden werden einige Gründe dafür zusammengefasst und Vorschläge für eine Behandlung im Unterricht gegeben.

Das Unterrichtsfach Arbeitslehre hat laut Lehrplan die Pflicht, die Schüler „auf die gegenwärtige und zukünftige Arbeits- und Wirtschaftswelt" vorzubereiten." Es ist ihre Aufgabe, „den Heranwachsenden die Vielfalt der Optionen, aber auch die Risiken aufzuzeigen, Strategien aktiver Situationsbeeinflussung zu entwickeln, Handlungskompetenz anzubahnen und Ich-Stabilität aufzubauen."[114]

Die Frage ist nun „wie", d.h. „in welcher Form" sollen Auswahltests im Unterricht behandelt werden? Wäre es sinnvoll, stundenlang gängige Auswahltests aus der Praxis zu üben und die Schüler so vorzubereiten auf eventuell in der Zukunft bei ihnen anstehende Tests? Nein, denn allein aus zeitlichen Gründen ist dies nicht möglich. Im Fach Arbeitslehre bekommt das Thema „Berufswahl und Bewerbungsplanung" einen Stundensatz von 16 Stunden in der 8. Jahrgangsstufe eingeräumt. In der 9. Klasse ist zusätzlich ein 14-stündiger Themenkomplex „Noch keinen Ausbildungsplatz – Alternativen entwickeln" vorgesehen. Theoretisch wäre ein ausführliches Üben von Einstellungstests zwar zu rechtfertigen, doch ist dies zeitlich relativ schwer zu verwirklichen und scheint wenig sinnvoll. Es steht nicht die Zeit zur Verfügung, um mehrere Stunden lang Auswahltests mit den Schülern zu üben. Deswegen muss das Hauptaugenmerk einer grundlegenden Orientierungshilfe für die Schüler gelten und weniger der fachlichen Qualifizierung im Detail. Die jugendlichen Berufserstwähler sollen die Bedeutungszusammenhänge von Berufseignungstests verstehen und sie in ihrem Ver-

---

[114] Siehe Hessisches Kultusministerium (Hrsg.): Rahmenplan Arbeitslehre – Bildungsgang Hauptschule. Jahrgangsstufen 5 bis 9/10. S.3, 4

ständnis der Arbeitswelt einordnen. Sie müssen erkennen, „warum" diese Tests von Unternehmen durchgeführt werden und welche Bedeutung und Auswirkungen sie für ihre Chancen im späteren Berufsleben haben können.

Dies bedeutet, dass der Arbeitslehreunterricht die Funktion und Relevanz dieser Tests in der Praxis der Arbeitswelt thematisieren sollte. Die Jugendlichen müssen erkennen, dass sie in gewisser Weise abhängig sind vom Arbeitsmarkt und den aktuell zur Verfügung stehenden Ausbildungsplätzen und Arbeitsplätzen. Auswahltests haben in diesem Zusammenhang eine „Selektionsfunktion".

Sie werden durchgeführt um die Fähigkeiten der Bewerber im Hinblick auf bestimmte Berufsbilder zu testen und den Unternehmen so brauchbare Ergebnisse bezüglich der Eignung der verschiedenen Bewerber zu liefern. Doch die Schule muss den Schülern auch deutlich machen, welchen Informationswert Berufseignungstests für Unternehmen haben. Die Testergebnisse sind nämlich immer nur Ergänzungen zu anderen Informationen, die über den Ausbildungsplatzbewerber existieren. Sie werden in einen Zusammenhang mit den anderen Leistungsmerkmalen des Bewerbers gebracht werden. So sollte eine gute Lehrkraft bei Behandlung des Unterrichtsthemas „Berufseignungstests" immer auch auf die Bedeutsamkeit von Schulzeugnis, Bewerbungsschreiben und Vorstellungsgespräch eingehen und erklären, dass für ein Unternehmen der Gesamteindruck all dieser Informationsquellen ausschlaggebend ist für eine Anstellung oder Ausbildungsplatzvergabe.

Die jungen Berufswähler sollen im Unterricht die Beschäftigungsstrukturen der Arbeitswelt kennen lernen. Einstellungstests sind zweifelsfrei Teil der Beschäftigungsstrukturen bzw. gehen vielfach einer Beschäftigung voraus und sind oftmals Voraussetzung für ein Anstellungsverhältnis. In diesem Zusammenhang ist das Verständnis von „Berufswahl als Allokationsprozess" sehr bedeutsam. Der Jugendliche ist weniger oder kaum in einen Prozess des „freien Wählens" oder „Entscheidens" eingebunden, sondern das Individuum wird von der Gesellschaft einer Berufsposition zugewiesen. Denn bedingt durch die jeweilige Gesellschaftsstruktur sind Ausbildungs- und Berufsmöglichkeiten von Natur aus in ihrer Art und Anzahl beschränkt. Berufsauswahltests sind von der Gesellschaft (bzw. den Unternehmen) konzipierte Mittel die den „Berufsinteressenten" je nach Eignung und Fähigkeit eine Arbeitsposition zuweisen. Der Zugang zu den zur Verfügung stehenden Berufsmöglichkeiten unterliegt sozusagen gewissen Kriterien, z.B. bestimmten Schulabschlüssen oder auch den Auswahltests. Man spricht in diesem Zusammenhang, der zwischen der gesellschaftlichen Kontrolle über entsprechende Arbeitsmöglichkeiten besteht, auch von der „direkten Zuweisung". (Die „indirekte Zuweisung" meint den kompletten Sozialisationsprozess, in dem die Jugendlichen durch Entwicklung ihrer Werte, Normen und Ziele eine Orientierung auf einen Kreis bestimmter Berufe begründen.)[115]

All diese Informationen müssen im Schulunterricht vermittelt werden und gemeinsam mit den Schülern, z.B. in Dialogen und Gruppendiskussionen, reflektiert werden.

Sehr hilfreich und letztlich unverzichtbar ist, dass Lehrkräfte ihren Schülern gezielt Hinweise geben, wo sie Informationen und Übungsbeispiele zu Berufseignungstests in Form von Auswahl- und Eignungstests finden können. Dies können Ratgeber, Bücher, Online-Tests oder Internet-Links sein. Es ist wichtig, dass die Institution Schule ihre Aufgabe auch in diesem Zusammenhang als „Hilfe-zur-Selbsthilfe" begreift. Schüler müssen lernen, dass sie selber für den beruflichen Erfolg in ihrem Leben verantwortlich sind und ihnen niemand die Entscheidung einer Berufserstwahl abnehmen kann. Sie müssen erkennen, dass die Schule nicht alles Wissen vermitteln kann, was für ein erfolgreiches Berufsleben notwendig ist. Und gerade weil sich die Berufswelt und ihre Berufsbilder aufgrund stetiger technischer Fortschritte und schnellerer Kommunikationswege (Internet) global in immer kürzeren Abständen verändert, und die wenigsten Menschen ein Leben lang an einem Arbeitsplatz oder auch in einem einzigen Beruf tätig sind, müssen die Schulen verstärkt darauf achten, dass Schüler „Schlüsselqualifikationen" erwerben. Denn nur so kann ihre berufliche Handlungsfähigkeit in ihrer nachschulischen Lebenswelt gesichert werden. In Bezug auf Auswahltests bedeutet dies, dass Jugendliche selber aktiv werden müssen, sich selbstständig fortbilden müssen. Routine im Bewältigen von spezifischen Testfragestellungen können sie sich nur privat erarbeiten. Die Schule kann und sollte dabei nur exemplarisch verschiedene Testmerkmale und gängige Aufgabentypen reflektieren und die Schüler dazu motivieren, selber zu handeln und ihre Berufsplanung in die Hand zu nehmen.

---

[115] Vgl. Bundesanstalt für Arbeit. Handbuch zur Berufswahlvorbereitung, Ausgabe 1992. Nürnberg. 1992. S.77, 78

Dies ist auch im Lehrplan für Hessen explizit vorgesehen: „Der Unterricht im Fach Arbeitslehre soll den Schülerinnen und Schülern helfen, sich übergreifende Qualifikationen zu erarbeiten: ...Arbeitsmarkt, Berufsausbildung, mit erforderlichen (Schlüssel-) Qualifikationen.. Umgang mit neuen Technologien. Informationstechnologien...".[116]

Vor diesem Hintergrund scheint es sinnvoll, gerade im Umgang mit dem Thema Berufseignungstests Schlüsselqualifikationen wie Methodenkompetenz und Handlungskompetenz zu fördern. Es bietet sich hierbei an, den Unterricht handlungsorientiert zu konzipieren. Der Lehrer geht mit den Schülern ins Internet, nutzt die neuen Medien und führt mit der Klasse z.B. einen Berufseignungstest exemplarisch mit der Klasse durch. Dies kann beispielsweise in Partner- oder Gruppenarbeit erfolgen, was auch die emotionale Seite der Schüler anspricht und damit auch ihre sozial-affektiven Kompetenzen fördert.

Im Rahmen dieser Untersuchung wurde ein spezielles Handout für den Arbeitslehreunterricht erstellt, welches eine Vielzahl von Informationen über Orientierungs- und Auswahltests beinhaltet. Die Hinweise sind dabei in Form von Internet-Links, Online-Tests und Buchtipps dargestellt. Der einzelne Schüler zieht also nur einen Nutzen aus diesem Handout, wenn er selber aktiv wird und handelt. Es findet sich keine direkte Information auf dem Papier. Er wird also aufgefordert, sich außerhalb der Schule zu engagieren und Wissen zu erwerben. Folgerichtig wäre es auch, dem Schüler einen häuslichen Arbeitsauftrag zu erteilen, in welchem er aufgefordert wird, sich außerhalb der Unterrichtszeit zu informieren und die entsprechenden Ergebnisse im Unterricht vorzutragen. Auf diese Weise könnte im Zusammenhang mit dem Thema Berufseignungstests das von der Kultusministerkonferenz (KMK) 1999 beschlossene Ziel der Handlungskompetenz verwirklicht werden.

Ein konkreter Unterrichtsentwurf zur Umsetzung des Themas „Berufseignungstests" im Unterricht wird in einem folgenden Gliederungspunkt vorgestellt. Ferner wurde im Rahmen dieser Untersuchung eine Vielzahl an Informationsquellen recherchiert. Diese sind in Form eines Handouts zusammengetragen worden und sind als

---

[116] Siehe Hessisches Kultusministerium (Hrsg.): Rahmenplan Arbeitslehre - Bildungsgang Hauptschule. Jahrgangsstufen 5 bis 9/10. S.36

Empfehlung für den Unterricht in Schulklassen der Sekundarstufe I zu betrachten.

Weiterhin sollte die Institution Schule ihren Schülern auch die Struktur von Berufseinstellungstests näher bringen. Dies meint, dass die Jugendlichen verstehen, welche Arten von Aufgabentypen bei Einstellungstests vorkommen können. Dies können z.b. sein: Kenntnisprüfungen bezüglich Schul- und Allgemeinwissen, psychologische Tests in Bezug auf spezielle geistige Fähigkeiten (z.b. logisches Denken, räumliches Vorstellungsvermögen, Kreativität,...)[117] So ist es sinnvoll, dass exemplarisch im Unterricht die verschiedenen Aufgabentypen besprochen werden und auch praktisch von jedem Schüler getestet werden. Ziel hierbei ist es, die Struktur der Tests zu verdeutlichen. Die fachliche Qualifizierung speziell auf diese Testanforderungen hin muss von den Schülern außerschulisch erfolgen. Aus Gründen der zeitlichen Beschränkung des Faches Arbeitslehre ebenso wie aufgrund der Tatsache, dass die Art der Aufgabenstellungen wie sie in Einstellungstests vorkommen, im Schulalltag nur sehr am Rande auftauchen. Auswahltests bei Unternehmen unterscheiden sich grundlegend von den Prüfungssituationen in der Schule. Meist ist bei Einstellungstests die Zeit aus taktischen Gründen zu knapp bemessen, die Testmaterialien sind sehr breit gefächert und ferner sind die Bewerber mit der Art der Tests nicht vertraut.[118]

Zu Erläuterung zwei Beispiele von typischen Fragestellungen, die deutlich machen, dass diese Testverfahren in der Schule eher wenig geläufig sein dürften:

➔ Die dargestellten Wortzeilen wurden verschoben. Wie viel Mal muss man die Zeilen in der Waagrechten verschieben, damit in der Senkrechten vier sinnvolle Wörter entstehen?

WASS

RAEA

UESM

---

[117] Vgl. Siewert, H.: „Berufseignungstests souverän meistern". Frankfurt: Redline Wirtschaft. 2005. S.14
[118] Vgl. Klippert, H.: Berufswahl-Unterricht. Weinheim, Basel: Beltz Verlag, 1987. S.173

➔ „Ich leugne, dass ich nicht versicherte, dass ich beanspruche wegzufahren, wenn Sie meine Autogarage blockiert halten."
Was heißt dieser Satz konkret?[119]

Wenn man sich solche Aufgaben näher anschaut, wird schnell klar, dass die wenigsten Schüler den dahinter stehenden Lösungsweg sofort auf Anhieb erkennen können. Das führt häufig dazu, dass die Bewerber sehr aufgeregt und nervös sind und oft schlechter abschneiden als ihre Fähigkeiten das hergeben. Dadurch werden die Ergebnisse verfälscht und dies kann nicht im Interesse der Betriebe sein.

Schriftliche und mündliche Ratschläge zu Einstellungstests reichen nicht aus, die Schüler müssen diese exemplarisch selber erleben und erfahren, um durch die Praxis ein tiefergehendes Verständnis zu erlangen. Der Fokus im Schulunterricht ist dabei hauptsächlich auf die grundlegende Orientierung zu legen und nicht auf die fachliche Qualifizierung im Detail.[120]

Ein weiteres Argument für das exemplarische Lernen im Schulunterricht anhand einzelner Aufgabentypen ist das Ziel des Erlernens von „Lösungsstrategien". Die Schüler werden später bei Auswahltests gute Ergebnisse erzielen, wenn sie die auftretenden Aufgabentypen rasch einordnen und klassifizieren können. Sie sollten gewisse „Aha-Erlebnisse" beim Anblick der Aufgaben haben. Denn nur wenn Schüler den Aufgabentypus schon einmal bearbeitet und verstanden haben, können sie bei den stets unter Zeitdruck abgehaltenen Tests wirklich erfolgreich abschneiden. Wichtig ist in diesem Zusammenhang auch, dass Schüler wissen, dass diese Tests immer so konzipiert sind, dass sie in der vorgegebenen Zeit nicht komplett lösbar sind. Dies ist Teil des Tests und damit wird von den Unternehmen das Arbeitsverhalten unter Stress getestet. Dies muss aber ein Schüler wissen und so ist es Aufgabe des Lehrers, die Schüler darauf hinzuweisen und ihnen spezielle Informationen über Wesen und Zweck von Einstellungstests aus Sicht der Betriebe zu vermitteln. Denn andernfalls würden Testpersonen unnötig in Stress geraten und womöglich viel schlechtere Leistungen erbringen (Stichwort

---

[119] Siehe Siewert, H.: „Berufseignungstests souverän meistern". Frankfurt: Redline Wirtschaft. 2005. S.8
[120] Vgl. Klippert, H.: Berufswahl-Unterricht. Weinheim, Basel: Beltz Verlag, 1987. S.173

"Blackout"-Verhalten) als sie eigentlich zu erbringen in der Lage wären.

Im erarbeiteten Unterrichtsentwurf sind in einem weiteren Handout einige „Merksätze" und „Bearbeitungsregeln" für Berufseignungstests aufgeführt, welche den Schülern Hilfe beim Absolvieren von Berufseignungstests geben sollen.

Man kann zusammenfassen, dass die Beschäftigung mit Berufseignungstests in Form von „Einstellungstests" frühzeitig erfolgen sollte.

Die „Agentur für Arbeit" weist darauf hin, dass das grundlegende Informieren über Berufe im Hinblick auf eigene Interessen und Fähigkeiten bereits im ersten Halbjahr der Vorabgangsklasse beginnen sollte, das „Entscheiden" für einen Ausbildungsberuf im zweiten Halbjahr. Das konkrete „Bewerben" und die Vorbereitung auf Auswahltests sollten im ersten Halbjahr der Abgangsklasse beginnen. Im zweiten Halbjahr hat man so immer noch Zeit sich weiter zu bewerben falls man noch keinen Ausbildungsplatz gefunden hat oder sich noch leicht umorientieren möchte (siehe „Berufswahlzeitplan" der Bundesagentur für Arbeit im Anhang ´Punkt 2´).[121]

Dr. Heinz Dedering erklärt in seinem Buch „Einführung in das Lernfeld Arbeitslehre" (2000), dass gegenwärtig der Berufswahlunterricht in den meisten Bundesländern in der 9. und 10. Jahrgangsstufe angesiedelt ist.[122] Wenn das heute immer noch gängige Praxis sein sollte, scheint das nach den vorliegenden und bereits ausgeführten Erkenntnissen zu spät. Auch aufgrund der Tatsache, dass sehr viele Ausbildungsverhältnisse abgebrochen werden, wäre eine noch frühere Auseinandersetzung der Schüler mit Berufseignungstests im Hinblick auf die Berufswahl sinnvoll. Laut „Bundesinstitut für Berufsbildung" gab es im Laufe der letzten Jahre (1997-2003) einen kontinuierlichen Anstieg der gelösten Ausbildungsverhältnisse (siehe Statistik im Anhang ´A-5´)[123]. Zwar sind die Zahlen aktuell wieder leicht rückläufig, da sich die Konjunktur in der BRD derzeit

---

[121] Vgl. Bundesagentur für Arbeit: Mach´s richtig – Eltern & Berufswahl (Ausgabe Oktober 2006). Nürnberg: Promotion Software. 2006. S.3

[122] Vgl. Dedering, H.: Einführung in das Lernfeld Arbeitslehre. München: Oldenbourg Verlag. 2000. S.271

[123] Vgl. Bundesinstitut für Berufsbildung: Vorzeitig gelöste Ausbildungsverträge 1979-2005 (Stand: Mai 2005). Zugriff am 17.09.2007 unter: http://www.bibb.de/dokumente/pdf/a22_ausweitstat_schaubilder_ab031 6.pdf

positiv entwickelt, aber dennoch verzeichneten die Industrie- und Handelskammern (IHKs) im Jahre 2004 eine Anzahl von 60.275 vorzeitig gelösten Ausbildungsverträgen. Das entspricht immer noch 18,8 Prozent aller Neuverträge im IHK-Bereich und betrifft somit fast jede fünfte Ausbildung.[124] Weiterhin weist eine Studie des BIBB daraufhin, dass für viele die berufliche Umorientierung (anderer Beruf, anderer Betrieb) der Hauptgrund für die Lösung eines Vertrages ist.[125] Der Präsident des „Deutschen Industrie- und Handelskammertags" (DIHK) kommentierte die Zahlen Mitte 2005 mit den Worten: „Wenn sechs von zehn Jugendlichen, die eine Ausbildung abbrechen, anschließend in einem anderen, dann geeigneteren Beruf wieder eine Ausbildung aufnehmen, so zeigt das, wie wichtig eine fundierte Information und individuelle Beratung über das gesamte Berufsangebot sind."[126] Laut DIHK sei eindeutig eine verbesserte Berufsberatung notwendig, damit die Jugendlichen nicht mit falschen Vorstellungen in eine Ausbildung gingen. Andererseits müsse auch an die Jugendlichen appelliert werden, sich über die vielfältigen Möglichkeiten gründlich zu informieren.[127]

Positivere Zahlen enthält der Berufsbildungsbericht 2007 des Bundesministeriums für Bildung und Forschung. Demnach war im Jahr 2006 in nahezu allen Ausbildungsbereichen eine Zunahme bei den neu abgeschlossenen Ausbildungsverträgen zu registrieren (4,7 % mehr als im vergleichbaren Vorjahreszeitraum). Aber wie viele davon aufgrund mangelnder vorausgegangener Beratung wieder aufgelöst werden, kann man noch nicht feststellen. Die Zahl der Jugendlichen, welche 2006 als unvermittelte Bewerber und Bewerberinnen gemeldet waren, hat sich im Vergleich zum Vorjahr aber

---

[124] Vgl. Deutscher Industrie- und Handelskammertag e.V.: „Fast jede fünfte Ausbildung wird abgebrochen". (Meldung vom 06.04.2005). Zugriff am 17.09.2007 unter:
http://www.dihk.de/inhalt/informationen/news/meldungen/meldung007178.html

[125] Vgl. Schöngen, K.: Ausbildungsvertrag gelöst = Ausbildung abgebrochen? Ergebnisse einer Befragung. In: BWP, 5/2003, S.35ff

[126] Siehe Deutscher Industrie- und Handelskammertag e.V.: „Fast jede fünfte Ausbildung wird abgebrochen". (Meldung vom 06.04.2005). Zugriff am 17.09.2007 unter:
http://www.dihk.de/inhalt/informationen/news/meldungen/meldung007178.html

[127] Vgl. ebd.

deutlich erhöht, um 8.965 oder 22,1 %.[128] Dies ist zweifelsfrei ein „Alarmzeichen" für die Berufsbildung und Berufsvorbereitung. Zwar konnte den Arbeitsagenturen aufgrund finanzieller Mittel von derzeitigen staatlichen Förderprogrammen wie „Ausbildungspakt"/"Ausbildungsoffensive" und Jobstarter" eine relativ erfolgreiche Nachvermittlung dieser Gruppe gelingen, aber dies ändert nichts an der Tatsache dass Berufsbildung noch wesentlich effektiver praktiziert werden muss. Auch der aktuelle staatliche „Innovationskreis berufliche Bildung" (Vorsitz: Bundesministerin für Bildung und Forschung, Dr. Annette Schavan; Ziel: „konkrete Handlungsoptionen zur strukturellen Verbesserung der beruflichen Bildung zu erarbeiten") mit seinen „10 Leitlinien" vom 16. Juli 2007 (u. a. System von Ausbildungsbausteinen und die Zusammenführung einzelner Berufe in Berufsgruppen), ändert nichts an der Tatsache, dass das vielschichtige Problem der Berufsorientierung/Berufswahl eines Jugendlichen rechtzeitig und effektiv von allen Beteiligten gemeinsam in Kooperation angegangen werden muss. Dabei sind die jeweilige Schule, die zugehörigen Eltern (Eltern-Informationsabende!), die Berufsberatung der Bundesagentur für Arbeit, die Betriebe in der Region und besonders der Berufserstwähler selbst gefordert. Berufseignungstests mit all ihren Möglichkeiten zur Berufsfindung sind dabei mit Sicherheit ein wirksames und geeignetes Mittel, um den Berufsfindungsprozess effektiv voranzubringen.

Aufgrund all dieser Tatsachen sollte auch die zeitliche Dimension von Berufseignungstests als Unterrichtsgegenstand (im Fach Arbeitslehre) konkret bedacht werden. Berufsorientierung in Form von „Interessentests" sollte im Schulwesen möglichst frühzeitig beginnen. Dies wäre aufgrund der genannten Fakten unter Umständen schon ab der 7. Jahrgangsstufe sinnvoll.

Die Empfehlung der Bundesagentur für Arbeit bezüglich „Einstellungstests" („im ersten Halbjahr der Abgangsklasse") könnte unter Umständen etwas zu spät sein. „Einstellungstest" haben neben der Funktion der konkreten Test-Vorbereitung mit dem Ziel des Erhaltes einer Ausbildungsstelle nicht selten auch die Funktion, die eigenen Fähigkeiten zu erkennen und zu überprüfen und durch die Beschäftigung mit diesen Tests, die bevorstehende und noch nicht abgeschlossene Berufswahl voranzutreiben.

---

[128] Vgl. Bundesministerium für Bildung und Forschung: Berufsbildungsbericht 2007. Zugriff am 17.09.2007 unter:
http://www.bmbf.de/de/berufsbildungsbericht2007.php

Konkretere Unterrichtsstunden, welche das Thema „Einstellungstests" zum Inhalt haben, wären demnach schon mit Beginn der 8. Jahrgangsstufe bis hin zum 9. Schuljahr hilfreich und einsetzbar. Denn so kann das Bewusstsein für die essentielle Problematik der Berufswahl und Berufsorientierung auf Schülerseite rechtzeitig geschaffen werden. Das Unterrichtsthema „Berufseignungstests" in all seinen Facetten wirkt dabei unterstützend auf ein sich zu entwickelndes „Selbstbewusstsein" des Schülers in Form von „Was bin ich? Was kann ich? Wo will ich hin? Was sind meine Ziele?" Die jungen Menschen müssen sich selbst im Alter der Selbstfindung und Pubertät hinterfragen und versuchen, eine gewisse „Berufung" für eine Profession zu entwickeln. Das ist selbstverständlich nicht einfach, aber die leicht zu handhabenden und übersichtlichen Schemata von Berufseignungstests sind meist sehr einfach zu bearbeiten und erleichtern eine Beschäftigung mit diesem oft von Schülern hinausgezögerten Thema der persönlichen Berufsfindung. Als Unterrichtsgegenstand exemplarisch behandelt und reflektiert können Berufseignungstests eine außerordentlich sinnvolle Ergänzung des Arbeitslehreunterrichts sein. Sie sind ein sehr gut geeignetes Mittel, um Schülern Denkanstöße zu geben, sich über ihr ganz alleine ihnen selbst gehörendes (Berufs-) Leben Gedanken zu machen.

Abschließend möchte ich diese Überlegungen mit einigen Zitaten begleiten, welche die Komplexität des Themas ´Berufsorientierung´, ´Berufe´ und ´Berufung´ recht passend zum Ausdruck bringen, und welche junge Berufswähler positiv zum Nachdenken anregen könnten und sollten:[129]

„Zehn falsche Berufswahlen verhindern ist leichter, als eine verfehlte gutzumachen." (Richard Liebenberg)

„Langsam erteilter Rat ist bei weitem der beste, denn wo schnell er gegeben, folgt die Rau auf dem Fuss." (Lukian)

„Die Zahl derjenigen, die aus irgendeinem Grunde den falschen Beruf erlernt haben, dürfte eher gering sein. Die Mehrzahl krankt dar-

---

[129] Siehe Kirsch, W.: Handbuch der Berufsberatung. Bern: Verlag Hans Huber. 1991. S.205-211

an, dass es an der richtigen Einstellung mangelt." (Franz Ludwig Vytrisal)

„Es gibt keinen Beruf, der nicht seine eigene, wundersame Schönheit hat, und es gibt keinen Beruf, der nicht zugleich auch mühselig oder ab und zu widerwärtig ist." (Klaus Schädelin)

„Wer mit der Seele nicht dabei ist, hat keinen Beruf, sondern nur eine Beschäftigung." (Charles Tschopp)

5. Unterrichtseinheit zum Thema „Berufseignungstests"

5.1. Bedingungsanalyse

a) Gegenstand

Gegenstand der 2-stündigen Unterrichtseinheit (2x45 Minuten) ist das Thema „Berufseignungstests", eingebunden in den Themenbereich „Berufsfindung".

Thematisiert werden in erster Linie „Einstellungstests" bzw. "Auswahltests", die von Unternehmen im Rahmen eines Bewerberauswahl-Verfahrens eingesetzt werden.

b) Adressaten/Personen

Die Unterrichtseinheit ist für die 8. Jahrgangsstufe einer Hauptoder Realschule oder einer Gesamtschule konzipiert. Die Schüler befinden sich in der „Vorabgangsklasse" und ihre Berufswahlentscheidung ist noch nicht abgeschlossen. Es wird davon ausgegangen, dass die Mehrzahl der Schüler noch keine Berufswahl getroffen hat und der Berufswahlprozess in der Klasse gerade beginnt.

c) Materialien

Die Unterrichtseinheit, bestehend aus zwei Unterrichtsstunden, wird in einem Klassenzimmer mit standardisierter Ausstattung durchgeführt. Zum Einsatz kommen Overheadprojektor und verschiedene Folien. Für die Durchführung der Gruppenarbeit sind farbige Papierstreifen vorbereitet. Der Befestigung an der Tafel dienen Magnete. In einer weiteren Gruppenarbeit werden den Schülern Folien und Folienschreiber zur Verfügung gestellt. Zusätzlich werden Arbeitsblätter und ein Merkblatt verwendet, die in der Klasse jeweils ausgeteilt werden.

d) Zielbenennung

Die Schüler sollen durch die aus zwei Unterrichtsstunden bestehende Unterrichtseinheit mehr Wissen über Sinn, Zweck und Praxis von „Berufseignungstests" erhalten. Die Beschäftigung mit diesem Thema hat zum Ziel, den Schülern Ängste und Unsicherheiten bezüglich solcher Testverfahren zu nehmen. Sie werden in dieser Doppelstunde auch die Sichtweise der Unternehmen zu dieser Thematik kennen lernen. Die Schüler sollen verstehen, dass Betriebe solche Tests letztendlich durchführen, um mehr über ihre Bewerber zu erfahren und damit im Interesse des Betriebs einer Fehlbesetzung vorzubeugen. Der Klasse wird zunächst deutlich gemacht, dass jedes Berufsbild neben allgemein wünschenswerten Eigenschaften, den Arbeits- und Handlungstugenden, auch bestimmte berufsbezogene „Fähigkeiten" voraussetzt. Die Schüler sollen erkennen, dass genau diese gewünschten „Fähigkeiten" auch zur Lösung der jeweiligen Test-Aufgaben erforderlich sind. (Eine Übersicht bzw. eine Gliederung der verschiedenen „Fähigkeiten" wird den Schülern vorgelegt.) Durch das Lösen und die Analyse einiger Beispielaufgaben aus Auswahltests sollen die Schüler deren unterschiedliche Struktur erkennen und somit mehr Sicherheit im Umgang mit Auswahltests erwerben, um somit in realen Prüfungssituationen gelassener reagieren zu können. Dies erscheint mir als ein besonders wichtiger Punkt im Umgang mit Berufseignungstests.

Durch das neu hinzu gewonnene Wissen wird die Berufswahlkompetenz der Schüler gestärkt und auch ein Impuls gegeben werden, sich in der Freizeit verstärkt mit den Berufswahlthemen „Interessen", „Fähigkeiten" und den verschiedenen Berufsbildern auseinanderzusetzen. Solch ein Anstoß wird auch durch Hausaufgaben gegeben, welche die Klasse (bis zur nächsten Unterrichtseinheit) erledigen soll.

Ein Merkblatt mit Tipps und Informationen zu Berufseignungstests dient dazu, das Schülerwissen weiter zu vertiefen, und vor einer realen Testsituation konkret zu helfen.

Ein weiteres Merkblatt, das die Schüler über die Wahrung ihrer Rechte bei der Teilnahme an einem psychologischen Eignungstest aufklärt, wird im Schulunterricht ausgeteilt und besprochen (siehe Anhang ´A-1´).

e) Inhalt

Die beiden Unterrichtsstunden im Fach Arbeitslehre sind in den Themenbereich „Berufswahlvorbereitung" eingebunden. Die erste Unterrichtsstunde schafft die Voraussetzungen für die in der zweiten Stunde durchzuführenden Testaufgaben, exemplarisch für Testverfahren, die in Betrieben im Zusammenhang mit der Besetzung von Ausbildungsplätzen bzw. Arbeitsstellen zum Einsatz kommen.

Der Einstieg in die erste Unterrichtsstunde erfolgt durch einen stummen Impuls mittels einer Folie, die einen Lehrstellenbewerber in einem Bewerbungsgespräch mit dem Personalchef zeigt (siehe Anhang zur Unterrichtseinheit, ab S. 98). Anhand dieser konkreten Situation - Personalchef der Firma „Holzmann" sucht einen geeigneten Azubi zum Tischler - werden zuerst einmal die Auswahlkriterien für die Vergabe eines Ausbildungsplatzes an einen Auszubildenden erarbeitet. Dabei wird noch einmal das vorausgesetzte Wissen der Schüler zu den Bewerbungsunterlagen reaktiviert und verbalisiert. Daran knüpft die Erarbeitung allgemeiner wünschenswerter Eigenschaften eines Lehrstellenbewerbers, der sog. „Handlungs- und Arbeitstugenden" an, wie beispielsweise Ehrlichkeit, Ausdauer, Disziplin, Leistungsbereitschaft, Fleiß, Zuverlässigkeit usw. Die Frage, wie sich ein Betrieb über seinen Bewerber informieren kann, führt neben den genannten Kriterien „Bewerbungsunterlagen" und „Vorstellungsgespräch" zum Thema „Auswahltestverfahren". In diesem Zusammenhang gewinnen die Schüler die Erkenntnis, dass ein Personalchef im Interesse seines Betriebes möglichst viel über Eigenschaften und Fähigkeiten eines Bewerbers herausfinden möchte, um eine Fehlbesetzung zu vermeiden. Dass ein geeigneter Bewerber neben den erarbeiteten wünschenswerten allgemeinen Eigenschaften auch berufsspezifische Fähigkeiten, unterschieden in körperliche, geistige und soziale/persönliche mitbringen muss, wird exemplarisch an unterschiedlichen Berufsbildern verdeutlicht. Der darauf aufbauenden persönlichen Berufswahlorientierung dient die Hausaufgabe, in der jeder Schüler die für seinen derzeitigen Wunschberuf erforderlichen Fähigkeiten, unter Zuhilfenahme von Informationsquellen wie des Internets, notieren soll.

Die gewonnene Einsicht, Auswahltests als eine von drei erarbeiteten Möglichkeiten zu begreifen, um über die Eignung eines Bewerbers für einen Ausbildungsplatz möglichst viele Informationen zu erhalten, steht als Anknüpfung am Beginn der zweiten Unterrichtsstunde. Die Tipps und Hinweise vor der Durchführung zweier Testbeispiele (je ein Arbeitsblatt) dienen zum einen der Information, und sollen zum anderen vor der ersten Begegnung mit dieser Art von Aufgaben Druck von den Schülern nehmen. Aus diesem Grund wird auch der erste Testauszug unter einer erweiterten zeitlichen Vorgabe bearbeitet. Erst nach einer Analyse des ersten Tests und der Klärung evtl. aufgetretener Schwierigkeiten werden die Schüler auf den zweiten Testauszug vorbereitet, dem sich die Schüler unter „realen" zeitlichen Vorgaben unterziehen. Eine Analyse der gestellten Aufgaben beider Tests zielt auf die Erkenntnis, dass durch Auswahltests das Vorhandensein spezifischer Fähigkeiten überprüft werden kann.

Eine Liste mit hilfreichen Links zum Thema „Auswahltests" und „berufspezifische Fähigkeiten" wird unter Einbeziehung der von den Schülern zur Erstellung der Hausaufgabe notierten Internetadressen sowie Angaben durch die Lehrkraft erstellt. Sie dient der weiteren persönlichen Beschäftigung der Schüler mit der Thematik.

f) Methode

In der Unterrichtseinheit, bestehend aus zwei Unterrichtsstunden, kommen wechselnde Arbeitsformen zum Einsatz, um den Unterricht zu rhythmisieren und damit die Aufmerksamkeit der Schüler zu gewährleisten. In der ersten Stunde erfolgt die Einstimmung auf das Thema durch einen Impuls mittels Folie, die ein Bewerbungsgespräch darstellt. Dadurch sollen die Schüler zu Spontanäußerungen aufgefordert werden. Ferner ist die konkrete Bewerbungssituation (Jugendlicher bewirbt sich um einen Ausbildungsplatz zum Tischler bei der Firma „Holzmann") Ausgangspunkt für die in der ersten Unterrichtsstunde zu erarbeitenden Inhalte. Auf diese Bewerbungssituation wird immer wieder konkret Bezug genommen.

Die drei Teilziele (1.allgemeine Eigenschaften = Arbeits- und Handlungstugenden, 2.Möglichkeiten eines Betriebes, sich über einen Bewerber zu informieren, 3.berufsbezogene Fähigkeiten) werden in arbeitsgleicher Gruppenarbeit, im Lehrer-Schüler-Dialog und in arbeitsteiliger Gruppenarbeit erarbeitet. Die Präsentation der Gruppenergebnisse erfolgt einmal auf Papierstreifen, die durch Magnete an der Tafel befestigt werden, und im zweiten Fall durch jeweils eine Folie, die ein Mitglied der Gruppe durch den Overheadprojektor präsentiert.

Jedes Teilzielergebnis wurde durch die Lehrkraft auf Folie vorbereitet, deren Inhalt gegebenenfalls durch Beiträge der Schüler ergänzt wird. Diese Folie wird zur Ergebnissicherung von den Schülern ins Heft eingetragen. Somit erfolgt zwischen den handelnden Einheiten der Erarbeitung eine Stillarbeitsphase, die durch den Wechsel in der Arbeitsform eine methodische Rhythmisierung darstellt und Ruhe in die Klasse einkehren lässt, als Voraussetzung für den nächsten Erarbeitungsschritt.

Nach der Zusammenfassung der Unterrichtsergebnisse am Ende der Stunde in einem Unterrichtsgespräch werden die Schüler in ihrer Hausaufgabe zu einer Transferleistung aufgefordert, in der sie gleichzeitig ihr erworbenes Wissen anwenden können. Dabei sollen sie sich außerdem moderner Medien bedienen, um die gewünschten Informationen zu finden bzw. vorhandenes Wissen bestätigt zu sehen.

Die zweite Unterrichtsstunde knüpft an die vorangegangene an und baut auf das bereits erworbene Wissen auf. Die Inhalte werden zu Beginn der Stunde durch einen Impuls, den die Lehrkraft gibt, aktiviert und von den Schülern in einem Rundgespräch wiedergegeben. Dabei tritt die Lehrerpersönlichkeit in den Hintergrund und die Schüler rufen sich gegenseitig auf, wobei sie sich einander zuwenden.

Die Fragestellung („WARUM führen Betriebe Auswahltests durch?"), welche die Beschäftigung im Rahmen des Berufswahlprozesses mit dem Thema „Auswahltests" begründet, gewinnt durch ihre optische Präsentation mittels Overheadprojektor Bedeutung. Gleiches gilt für die wiederum im Rundgespräch erfolgten Antworten, die auf der Folie optisch präsent sind.

Der zentrale Inhalt der Stunde, die von den Schülern zu bearbeitenden exemplarischen Auszüge zweier Tests (Arbeitsblatt 1: Testaufgaben, Arbeitsblatt 2: Auswahltest) werden durch ein Merkblatt vorbereitet. Dies enthält hilfreiche Tipps und Hinweise und wird von den Schülern zuerst in Stillarbeit erlesen, und im Anschluss daran in Partnerarbeit besprochen. Dadurch wird sichergestellt, dass die Schüler den Inhalt erfasst haben.

Die „Testaufgaben" des ersten Tests werden ebenso wie die Aufgaben des „Auswahltests" in Stillarbeit von den Schülern gelöst. Im ersten Fall wird die zur Verfügung stehende vorgegebene Zeit verlängert, um die Möglichkeit zu bieten, möglichst viele Aufgaben bearbeiten zu können. Im zweiten Fall werden reale Testbedingungen geschaffen und die einzelnen Aufgaben in zeitlich vorgegebenen Schritten gelöst. Die im Anschluss an die Tests zu erfolgende Analyse der Inhalte erfolgt im Lehrer-Schüler-Dialog und nimmt noch einmal Bezug auf die Fragestellung der Stunde. Dabei bezieht sie die Hausaufgabe aus der letzten Stunde mit ein. Da die durchgeführten Testauszüge nur exemplarischen Charakter aufweisen, sollen die Schüler zur weiteren Beschäftigung mit der Thematik angeregt werden und abschließend eine Liste mit hilfreichen Internetadressen zum Thema „Auswahltests" und „Berufsfindung" erhalten. In die Liste aufgenommen werden Links, welche die Schüler selbstständig beim Anfertigen ihrer Hausaufgabe gefunden haben, ergänzt durch hilfreiche Internetadressen, die der Lehrkraft zur Verfügung stehen (siehe Anhang ´C – Internetlinks zum Thema Berufsorientierung´, S.149ff).

5.2. Ablaufplan

Stundenraster:

Abkürzungen:

L = Lehrer	PA = Partnerarbeit	AB = Arbeitsblatt
S = ein Schüler	GA = Gruppenarbeit	TA = Tafelanschrift
SS = mehrere Schüler	HA = Hausaufgabe	OHP = Overheadprojektor

1. UNTERRICHTSSTUNDE

Zeit	Inhalt/ Lehrerverhalten	erwartetes Schülerverhalten	Medien	Arbeits- und Sozialform	didaktische Absichten/ LERNZIEL
1. Phase Einstieg 0–3 min			OHP Bild: Jugendlicher - Personalchef	Stummer Impuls	Motivation
		Spontanäußerungen, Vermutungen zu der dargestellten Situation		Rundgespräch	
	L fasst zusammen: →Bewerbungssituation um einen Ausbildungsplatz				
2. Phase Hinführung 3–8 min	L: Wir werden uns heute mit Testverfahren im Zusammenhang mit einer Ausbildungsplatzvergabe beschäftigen.			L-Äußerung	*Zielangabe*
	Nicht alle Jugendlichen, die sich um diesen Ausbildungsplatz als Tischler bei der Firma „Holzmann" beworben haben, wurden zu einem Vorstellungsgespräch eingeladen!			Impuls	

		SS-Äußerungen zu vorausgegangenen Auswahlkriterien: Bewerbungsunterlagen		Dialog L/SS	Wiederholung/ Aktivierung bereits erworbenen Wissens
	L fasst zusammen: Der Personalchef der Firma hat die Jugendlichen mit den besten Bewerbungsunterlagen zu einem Vorstellungsgespräch eingeladen.				
	Stell dir vor, du bist der Personalchef der Firma „Holzmann" und suchst einen Azubi: **WELCHE ALLGEMEINEN EIGENSCHAFTEN sollte deiner Meinung nach jeder künftige Auszubildende mitbringen?**		Folie 1 OHP Fragestellung aufgedeckt, Rest ist verdeckt		Motivation durch das Hineinversetzen in die Rolle des Personalchefs
		SS notieren in der Gruppe auf Papierstreifen Handlungs- und Arbeitstugenden wie Zuverlässigkeit, Pünktlichkeit etc.	Tafel vorbereitete Papierstreifen für SS Magneten	arbeitsgleiche GA je 4 SS 5min	Rhythmisierung des Unterrichts durch handelnde Arbeitsform
	L deckt Folie auf →Handlungs- und Arbeitstugenden	SS vergleichen ihre Ergebnisse mit dem Inhalt der Folie		Gruppenergebnisse werden durch 1S je Gruppe an der Seitentafel befestigt u. evtl. mit Magneten geordnet.	Erkenntnisgewinn: → ein Personalchef sucht im Interesse seiner Firma möglichst gute Mitarbeiter
3. Phase **Erarbeitung**	L: Ihr habt wünschenswerte Eigenschaften für einen Azubi gefunden. Diese Eigenschaften möchte ein Chef gerne herausfinden!				Hinführung zum Thema „Sinn und Zweck von Berufseignungstests"
Problemstellung: 1. *Teilziel* 9–15 min	**WIE kann sich ein Betrieb über seine Bewerber informieren?**	S reflektieren	Folie 2 OHP	Dialog L/ SS	

		Vergleich der SS-Äußerungen mit Inhalt der Folie 2→ Zusammenfassung			.	Erkenntnisgewinn: → ein Personalchef muss für die Besetzung eines Ausbildungsplatzes oder einer Arbeitsstelle möglichst viel über die Eignung eines Bewerbers wissen, wozu u. a. Auswahltests eingesetzt werden
			L weist SS an, die Folie in ihr Heft zu übertragen		Stillarbeit	
						Schriftliche Teilergebnissicherung
2. Teilziel 15–25 min	L: Wir haben Handlungs- und Arbeitstugenden genannt, die von jedem Azubi gewünscht werden. Es gibt aber auch **FÄHIGKEITEN**, die ein Azubi mitbringen sollte, die aber vom Berufsbild abhängig sind. Dazu sollt ihr euch jetzt Gedanken machen!					
			Jede Gruppe notiert Fähigkeiten für ein anderes Berufsbild, geordnet nach körperlichen, geistigen, sozialen/ persönlichen Fähigkeiten	Vorbereitete GA-Aufträge Folien evtl. Folienschreiber	GA arbeitsteilig 4 SS je Gruppe	Förderung der Teamfähigkeit
			Ein Mitglied der Gruppe stellt das jeweilige Gruppenergebnis auf Folie am OHP vor.			Erkenntnisgewinnung → jedes Berufsbild erfordert spezifische Fähigkeiten
3. Teilziel 25–40 min		L stellt die drei Bereiche für die **körperlichen, geistigen und sozialen/ persönlichen Fähigkeiten** in einer Übersichtsgrafik vor		Folie 3 OHP		Visualisierung der erarbeiteten „Fähigkeiten"
			SS ordnen ihre berufsspezifischen „Fähigkeiten" in die Übersichtsgrafik auf		L/SS- Dialog	

			der Folie ein			
			SS übertragen Folie in ihr Heft			Schriftliche Teilergebnissicherung
4. Phase Festigung 40–44 min	Zusammenfassung durch L: Ein Personalchef geht bei der Einstellung eines Azubi nach mehreren Auswahlkriterien vor, um die am besten geeignete Person zum Nutzen des Betriebs „herauszufiltern". Auswahlkriterien sind Bewerbungsschreiben, Vorstellungsgespräch und Auswahltests. Der Azubi sollte Handlungs- und Arbeitstugenden und berufsspezifische Fähigkeiten mitbringen.				L/SS-Dialog	Zusammenfassen der Unterrichtsergebnisse unter Einbeziehung der an der Tafel und auf Folie fixierten Einzelergebnisse
5. Phase Transfer 44–45 min	L: Schreibe als Hausaufgabe die in deinem Wunschberuf geforderten Fähigkeiten auf! Recherchiere dabei im Internet und schreibe Deine Quellen auf.		TA			Anwenden des erarbeiteten Wissens

2. UNTERRICHTSSTUNDE

| **1. Phase** EINSTIEG/ WIEDERHOLUNG | L: In unserer letzten Stunde haben wir darüber gesprochen, wie sich ein Betrieb über seine Bewerber informieren kann, um unter ihnen den besten Azubi herauszufinden! → *Bewerbungsunterlagen *Vorstellungsgespräch *Auswahltests | SS reflektieren die vorangegangene Unterrichtsstunde | | | Rundgespräch | Aktivierung / Festigung vorhandenen Wissens |

	L: Der letzte Punkt ist Inhalt unserer heutigen Stunde!				Impuls	*Zielangabe*
	L legt Folie auf: „WARUM führen Betriebe Auswahltests durch?"		Folie 4 (Antwort ist abgedeckt)			
	Kurze Reflektion der vorangegangenen Stunde: (Fähigkeiten etc.)	Vermutungen, Spontanäußerungen			Rundgespräch	
2. Phase **PROBLEMSTEL-LUNG**	L deckt Folie 4 auf 2 Antworten: Betriebe möchten möglichst viel über die Fähigkeiten ihrer Bewerber wissen, -möchten die Bewerber bzgl. ihrer Fähigkeiten miteinander vergleichen.				SS lesen und kommentieren die Antworten	Konkretisierung der Problemstellung
1. Teilziel **Bearbeitungstipps**	L: Auf die Bearbeitung eines Auswahltests musst du dich „vorbereiten"! L teilt ein Merkblatt mit Bearbeitungsregeln aus					
	L: Lies die einzelnen Punkte und besprich mit deinem Partner, was du für besonders wichtig hältst!	SS lesen und besprechen in PA die wichtigsten Punkte	AB mit Bearbeitungsregeln für einen Auswahltest		Stillarbeit, PA Aussprache L/SS	SS sollen erkennen, dass man sich auf einen Auswahltest durch Tipps und Wissen vorbereiten kann
3. Phase **BEARBEITUNG VON TEST-AUFGABEN**	L teilt AB 1 aus, erläutert die Aufgabenstellung		AB 1 Testaufgaben		Stillarbeit Einzelarbeit	Reale Testsituation (mit länger bemessener Zeit)
2. Teilziel **Testdurchführung** **AB1 Testaufgaben**		SS bearbeiten den Test in einer vorgegebenen Zeit, ohne dass weitere Hinweise erfolgen				
	Welche Schwierigkeiten sind	SS berichten von ihren Erfahrun-			Aussprache L/SS	

	beim Bearbeiten der Aufgaben aufgetreten?	gen/ Problemen			
AB2 Auswahl-test	L teilt AB 2 aus, gibt Hinweise zur Bearbeitung	SS bearbeiten die Aufgaben nach vorgegebenem zeitlichen Raster	AB 2 Auswahltest		Reale Testsituation mit Bearbeitung der Aufgaben in vorgegebenen zeitlichen Schritten
4. Phase FESTIGUNG	Besprechung der verschiedenen Aufgabentypen gemeinsam in der Klasse/ gemeinsame Erarbeitung	S. tragen Lösungen/ Lösungswege vor.		Rundgespräch	Erkennen der Struktur von Auswahltests/ der Verschiedenartigkeit der Aufgabentypen
	möglicher Lösungswege für die Aufgabentypen + Hervorhebung der „zur Lösung erforderlichen Fähigkeit"				
5. Phase RÜCKBLICK/	Klärung: Welche Fähigkeiten wurden in den von euch bearbeiteten Tests möglicherweise überprüft?			Aussprache L/SS	
BESPRECHUNG DER HA		SS tragen die für ihren Wunschberuf erforderlichen Fähigkeiten vor und nennen ihre verwendeten Internetquellen			
	L: Wir sammeln alle Internetquellen und stellen abschließend ein Merkblatt zusammen.			Dialog zw. L und SS	

5.3. Anhang zur Unterrichtseinheit

Stummer Impuls (Einstieg 1. Unterrichtsstunde)

Folie 1

WELCHE EIGENSCHAFTEN sollte Deiner Meinung nach ein Mitarbeiter haben?

(„Wen würdest Du einstellen, wenn Du Chef der Tischlerei „Holzmann" wärst?)

(Welche **allgemeinen** Eigenschaften sollte die Person haben?")

→ freundlich
→ sauber
→ ordentlich
→ zuverlässig
→ hilfsbereit
→ fleißig
→ flott
→ teamfähig
→ausdauernd
→ehrlich
→leistungsbereit
→diszipliniert
→pünktlich

Folie 2

WIE kann sich ein Betrieb über seine Bewerber informieren?

→ Bewerbungsschreiben (Vorauswahl)

(Deine MOTIVATION für genau diesen Betrieb und diesen Beruf, auch: Deine

schulischen Leistungen)

→ Vorstellungsgespräch

(PERSÖNLICHER EINDRUCK: Erscheinungsbild, Verhalten im Umgang mit

Menschen; Deine Berufsziele und Berufsvorstellungen)

→ **Eignungstests / Auswahltests**

(Deine FÄHIGKEITEN; z.B. durch schriftliche, manchmal mehrstündige Tests;

oder auch: praktische Arbeitsproben)

Gruppenarbeitsaufträge

GRUPPENARBEITSAUFTRAG (Gruppe 1)
Überlegt in der Gruppe, welche **Fähigkeiten** ein/e Auszubildende/-r zum Tischler/in mitbringen sollte!

(Setze Dich mit Deinem Nachbar zusammen und überlegt zusammen welche FÄHIGKEITEN von Berufstätigen (in verschiedenen Berufsbildern) verlangt werden!)
....
....

GRUPPENARBEITSAUFTRAG (Gruppe 2)
Überlegt in der Gruppe, welche **Fähigkeiten** ein/e Auszubildende/-r zum Kfz-Mechatroniker/-in mitbringen sollte!

(Setze Dich mit Deinem Nachbar zusammen und überlegt zusammen welche FÄHIGKEITEN von Berufstätigen (in verschiedenen Berufsbildern) verlangt werden!)
....
....

GRUPPENARBEITSAUFTRAG (Gruppe 3)
Überlegt in der Gruppe, welche **Fähigkeiten** ein/e Auszubildende/-r zum Altenpfleger/-in mitbringen sollte!

(Setze Dich mit Deinem Nachbar zusammen und überlegt zusammen welche FÄHIGKEITEN von Berufstätigen (in verschiedenen Berufsbildern) verlangt werden!)
....
....

GRUPPENARBEITSAUFTRAG (Gruppe 4)
Überlegt in der Gruppe, welche **Fähigkeiten** ein/e Auszubildende/-r zum Bürokauffrau/-mann mitbringen sollte!

(Setze Dich mit Deinem Nachbar zusammen und überlegt zusammen welche FÄHIGKEITEN von Berufstätigen (in verschiedenen Berufsbildern) verlangt werden!)
....
....

GRUPPENARBEITSAUFTRAG (Gruppe 5)
Überlegt in der Gruppe, welche **Fähigkeiten** ein/e Auszubildende/-r zum Arzthelfer/-in mitbringen sollte!

(Setze Dich mit Deinem Nachbar zusammen und überlegt zusammen welche FÄHIGKEITEN von Berufstätigen (in verschiedenen Berufsbildern) verlangt werden!)
....
....

GRUPPENARBEITSAUFTRAG (Gruppe 6)

Überlegt in der Gruppe, welche **Fähigkeiten** ein/e Auszubildende/-r zum Metallbauer mitbringen sollte!

(Setze Dich mit Deinem Nachbar zusammen und überlegt zusammen welche FÄHIGKEITEN von Berufstätigen (in verschiedenen Berufsbildern) verlangt werden!)

....
....

Sammelt zuerst Eure Ergebnisse und notiert sie auf einem Notizblock.

Ordnet sie dann nach **„körperlichen"**, **„geistigen"** und **„sozialen/persönlichen"** Fähigkeiten.

Übertragt Euer Ergebnis geordnet auf eine Folie.

Arbeitszeit: 6 Minuten

(Schreibt alle Fähigkeiten die Euch einfallen auf ein Blatt Papier auf. Denkt dabei an „körperliche", „geistige" und „soziale/persönliche" Fähigkeiten.)

(Zeit: 10min.)

Folie 3

Berufsberater gliedern
FÄHIGKEITEN in drei Bereiche:

Bereich der körperlichen Fähigkeiten

| Körperliche | Gesundheitliche | Hand- und |
| Leistungsfähigkeit | Leistungsfähigkeit | Fingergeschick |

Bereich der geistigen Fähigkeiten

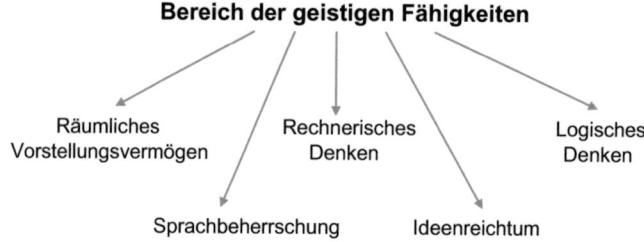

Räumliches Vorstellungsvermögen · Rechnerisches Denken · Logisches Denken

Sprachbeherrschung · Ideenreichtum

Bereich der sozialen/persönlichen Fähigkeiten

Kontaktfähigkeit · Gewissenhaftigkeit · Teamfähigkeit

Folie 4

→ WARUM Auswahltests?

→ Die Betriebe möchten möglichst viel über die FÄHIGKEITEN ihrer zukünftigen Mitarbeiter wissen!

→ Die Betriebe möchten ihre Bewerber untereinander bzgl. ihrer FÄHIGKEITEN vergleichen können!

Merkblatt

MERKE:

- Wenn Du zu einem Test eingeladen wirst, signalisiert der Betrieb Interesse an Dir. Habe keine Angst vor einem Test.
- MEISTENS sind Auswahltests zeitlich nicht zu schaffen. Es ist ganz normal, dass Du nicht alle Aufgaben lösen wirst. Der Betrieb will Dich lediglich testen, wie konzentriert du unter Stress arbeiten kannst.
- Je nach Ausbildungsberuf und Branche sind die Tests unterschiedlich konzipiert. Informiere Dich vorab, welche Fähigkeiten getestet werden (auch ruhig direkt bei dem Betrieb welcher Dich einlädt). Das signalisiert dem Betrieb, dass Du motiviert bist und die Sache Ernst nimmst.

Bearbeitungsregeln bei Einstellungstests:

- Achte genau auf die Testanweisungen! Nutze die Zeit der Aufgabenerklärung zu Beginn der Tests. Sieh Dir vorher die Beispielaufgaben gründlich an. Frage bei Unklarheiten noch einmal den Testleiter.
- Arbeite schnell aber auch sorgfältig und lass Dich durch nichts ablenken. Im Zweifelsfalle lieber schnell raten als gar keine Lösung angeben. (Nicht an einer Aufgabe hängen bleiben.)
(Achtung: Punktabzug bei falschen Antworten bei manchen Testarten!)
- Es ist ganz normal, dass die Zeit nicht ausreicht, um alle Aufgaben zu lösen. Nicht verunsichern lassen.
- Bleib ruhig und gelassen. Nimm auf keinen Fall Alkohol, Medikamente etc. zur Beruhigung ein. Schon ein Schluck Alkohol reduziert die Konzentrationsfähigkeit und Schnelligkeit.
- Wenn Du mit einer (Teil-)Aufgabe schon vor der Zeit fertig bist, gehe evtl. diesen Abschnitt noch einmal durch und kontrolliere Dein Ergebnis.
- Strategie bei verschiedenen Antwortmöglichkeiten: Versuche falsche Lösungen zu eliminieren („Ausschlussstrategie"). Es ist leichter, z.B. unter zwei verbleibenden Möglichkeiten auszusuchen.
- Bei längeren mehrstündigen Tests: Nimm Dir etwas Ess- bzw. Trinkbares mit.

Arbeitsblatt 1

Testaufgaben

Arbeitshinweis: Auf diesem Arbeitsblatt findest du verschiedene Aufgaben, die auch in einem Auswahltest vorkommen könnten. Bearbeite alle Aufgaben möglichst zügig und genau!

Aufgabe 1: Berechne: 29 893 : 167 =

Aufgabe 2: Ein rechteckiges Grundstück ist 35 m lang und 20 m breit.
a) Wie groß ist sein Umfang? b) Wie groß ist seine Fläche?

Aufgabe 3: Kreuze die richtige Schreibweise an!
a) Karusell
b) Karussel
c) Karrusel
d) Karrussell

Aufgabe 4: Wie nennt man den Preis für ver- oder entliehenes Geld?

Aufgabe 5: Wie heißt der höchste Berg Europas?

Aufgabe 6: Welcher Begriff passt nicht? Kreuze das Wort an, das nicht zu den anderen passt!
a) Ente b) Maus c) Krähe d) Meise e) Huhn

Aufgabe 7: Welches der drei Räder a), b) oder c) dreht sich am schnellsten?

Aufgabe 8: Wie viel Flächen hat der dargestellte Körper? Zähle auch die nicht sichtbaren Flächen mit!

Aufgabe 9: Streiche bei beiden Zeilen jedes p durch und zähle, wie oft du ein p angestrichen hast. Markiere die Anzahl der durchgestrichenen p in der Zahlenreihe am Ende!

bddbqbqdddpqqbdqdqbddpdpddbpbqqqpbdbbdpddqbqbbqdbp - 1234567890

pqqbpbbddpbqdqdddbpbdbpqbqddddbqbqdqdbbbdpqbddqqbq - 1234567890

Arbeitshinweis: Bei der Lösung der Aufgaben hast du sicher gemerkt, dass ganz verschiedene Fähigkeiten erforderlich sind. In der Tabelle unten sind einige der Fähigkeiten aufgelistet, die häufig bei Auswahltests geprüft werden. Ordne die Aufgaben einer Fähigkeit zu!

Aufgabe Nr.	Zur Lösung erforderliche Fähigkeit
	Allgemeinwissen
	Bearbeitungsgeschwindigkeit
	Räumliches Vorstellungsvermögen
	Logisches Denken
	Mechanisch-technisches Verständnis
	Deutsch
	Mathematik
	Konzentration

Arbeitsblatt 2

Auswahltest

Arbeitshinweis:
Dies könnte ein Teil eines Auswahltests sein. Arbeite also zügig und möglichst genau! Deine Lehrerin / dein Lehrer sagen dir jeweils, wann du mit der nächsten Aufgabe beginnen darfst. Insgesamt hast du nur 5,5 Minuten Zeit, um alle Aufgaben zu lösen.

Aufgabe 1: Welches der angegebenen Wörter passt dazu? Das vierte Wort muss gerade so zum dritten passen, wie das zweite zum ersten passt.
Bearbeitungszeit für diese Aufgabe: 1,5 Minuten

1. Teller : essen = Sessel : ?
   a) aufstellen   b) Bank   c) sitzen   d) Wohnung

2. Eiche : Baum = Schwalbe : ?
   a) Vogel   b) Spatz   c) fliegen   d) Lebewesen

3. Hund : Hütte = Mensch : ?
   a) Stadt   b) Haus   c) Katze   d) Wiese

4. Wein : Glas = Kaffee : ?
   a) Flasche   b) Getränk   c) Kanne   d) Tasse

Aufgabe 2: Bei diesen Zahlenreihen fehlen die beiden letzten Zahlen. Notiere, mit welchen Zahlen die Reihe fortgesetzt werden muss!
Bearbeitungszeit für diese Aufgabe: 3,5 Minuten

1.	4	10	16	22	28	34	40	...	...
2.	99	92	85	78	71	64	57	...	...
3.	1	2	4	8	16	32	64	...	...
4.	13	22	15	24	17	26	19	...	...

Aufgabe 3: Wie viele Flächen hat der dargestellte Körper? Zähle auch die nicht sichtbaren Flächen mit!
Bearbeitungszeit für diese Aufgabe: 0,5 Minuten

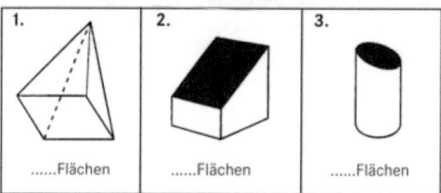

1. ......Flächen   2. ......Flächen   3. ......Flächen

(„Arbeitsblatt 1" und „Arbeitsblatt 2" beziehen sich auf den „Mach´s Richtig"-Unterrichtsbaustein Nr.8, welcher speziell von der Bundesagentur für Arbeit für Lehrer entwickelt wurde, die ihre Schüler auf Auswahltests vorbereiten möchten.)
[Vgl. und siehe http://www.machs-richtig.de/ opencms_new/ opencms_new/Lehrer/download_intern/Ub8.pdf]

Literaturverzeichnis

Printquellen

- Bundesagentur für Arbeit: Mach´s richtig – Eltern & Berufswahl (Ausgabe Oktober 2006). Nürnberg: Promotion Software. 2006.
- Bundesagentur für Arbeit: Mach´s richtig - Lehrerbeleitheft. Nürnberg: Promotion Software. 2006.
- Bundesagentur für Arbeit (Psychologischer Dienst): Orientierungshilfe zu Auswahltests. Göttingen: Verlag f. Psychologie, Dr. C. J. Hogrefe. 2006.
- Bundesanstalt für Arbeit. Handbuch zur Berufswahlvorbereitung, Ausgabe 1992. Nürnberg. 1992.
- Dedering, Heinz: Einführung in das Lernfeld Arbeitslehre. München: Oldenbourg Verlag. 2000.
- Dedering, Heinz: Arbeitsorientierte Bildung. Baltmannsweiler: Schneider Verlag Hohengehren. 2004.
- Geva-Institut: Berufsstart mit Profil in Bayern (Broschüre). München. 2006.
- Geva-Institut: Eignungstest Berufswahl – Aufgabenheft. Form B. München. 2006.
- Geva-Institut: Welcher Beruf passt zu mir? Geva-Tests zur Berufsorientierung (Broschüre). München. 2006.
- Hesse, Jürgen / Schrader, Hans Christian: Der Testknacker. Frankfurt: Eichborn Verlag. 2004.
- Hesse, Jürgen / Schrader, Hans Christian: Orientierungstests für Schulabgänger. Das Selbst-Test-Programm zur Berufswahl. Frankfurt: Eichborn Verlag. 1999.
- Hessisches Kultusministerium (Hrsg.): Rahmenplan Arbeitslehre - Bildungsgang Hauptschule. Jahrgangsstufen 5 bis 9/10. (gültig im Jahr 2007)
- Hossiep, Rüdiger: Berufseignungsdiagnostische Entscheidungen. Göttingen: Hogrefe Verlag. 1995.
- IAB („Institut für Arbeitsmarkt- und Berufsforschung der Bundesanstalt für Arbeit"; Annette Kleffner, Lothar Lappe, Erich Raab, Karen Schober): Fit für den Berufsstart? Materialien aus der Arbeitsmarkt- und Berufsforschung. Nürnberg. 1996.
- Jörin, Stoll, Bergmann, Eder: Explorix. Bern: Verlag Hans Huber. 2006.
- Kirsch, Walter: Handbuch der Berufsberatung. Bern: Verlag Hans Huber. 1991.

- Kledzik, Ulrich J. / Jenschke, Bernhard (Hrsg.): Berufswahlunterricht als Teil der Arbeitslehre. Hannover: Hermann Schroedel Verlag KG. 1979.
- Kleffner, A. / Lappe, L. / Raab, E. / Schober, K.: Fit für den Berufsstart? Berufswahl und Berufsberatung aus Schülersicht. Materialien aus der Arbeitsmarkt- und Berufsforschung, 3. Nürnberg. 1996.
- Klippert, Heinz: Berufswahl-Unterricht. Handlungsorientierte Methoden und Arbeitshilfen für Lehrer und Berufsberater. Weinheim, Basel: Beltz Verlag. 1987.
- Schober, Karen: Berufswahlverhalten. In: Kahsnitz, Ropohl, Schmid: Handbuch der Arbeitslehre. München: Oldenbourg Verlag. 1997.
- Schöngen, K.: Ausbildungsvertrag gelöst = Ausbildung abgebrochen? Ergebnisse einer Befragung. In: BWP, 5/2003.
- Siewert, Horst: „Berufseignungstests souverän meisten". Frankfurt: Redline Wirtschaft. 2005.
- Staatsinstitut für Schulqualität und Bildungsforschung. Beruf und Studium-BuS. München. 2005.
- Wilhelm, Werner: Die Qualität von Auswahlverfahren für Auszubildende. In: Wirtschaft und Berufserziehung, Nr.11. 2006.
- Wilhelm, Werner: Einstellungstests für Bewerber um einen Ausbildungsplatz. In: Der Ausbilder, Nr.10. 2002.
- Wilhelm, Werner: Berufseignungstests für Ausbildungsplatzbewerber. In: Berufsbildung, Nr.73. 2002.
- Ziehm, Stefan: Berufseignung aus betrieblicher Sicht. In: Berufsbildung, Nr.74. 2002.

Internetquellen

- Bundesagentur für Arbeit: Mach´s richtig – Internetportal www.machs-richtig.de. Zugriff am 30.06.2007 unter http://www.machs-richtig.de/Berufe_finden/Meine_Interessen/mi_main.jsp?action=new
- Bundesinstitut für Berufsbildung: Vorzeitig gelöste Ausbildungsverträge 1979-2005 (Stand: Mai 2005). Zugriff am 17.09.2007 unter http://www.bibb.de/dokumente/pdf/a22_ausweitstat_schaubilder_ab0316.pdf
- Bundesministerium für Bildung und Forschung: Berufsbildungsbericht 2007. Zugriff am 17.09.2007 unter: http://www.bmbf.de/de/berufsbildungsbericht2007.php
- Deutsches Jugendinstitut: Schule - und dann? Schwierige Übergänge von der Schule in die Berufsausbildung. Zugriff am 3.8.2007 auf: http://www.dji.de/bibs/276_6072_Schuleunddann_2006.pdf

- Grasboeck -The Center Of Competence®: Einstellungstests-Testvorbereitung. Zugriff am 29.07.2007 unter http://www.grasboeck.com/azubiseite/karriere/start.htm?http://www.grasboeck.com/azubiseite/bewerbung/test.htm
- Hesse, Jürgen / Schrader, Hans Christian: Eignungstests. Zugriff am 29.07.2007 unter http://www.stepstone.de/pb/de%5Find/eignungstests.html
- Hörmann, Alexandra (2000-2007): „Berufswahl-Tipps"- Abschnitt „Einstellungstest". Zugriff am 24.07.2007 unter http://www.berufswahl-tipps.de/startseite.htm
- Rademacker, Hermann: Chancengleichheit und Berufswahl. Zugriff am 28.06.2007 unter http://www.chancengleichheit.org/texte/foren/F2/rademacker.htm

Anhang

Anhang A - Referenzen zum Text 112
Anhang A-1:	Merkblatt über die Rechte der Bewerber bei psych. Testverfahren	112
Anhang A-2:	Elternfragebogen zur Berufswahlreife ihres Kindes	113
Anhang A-3:	Berufswahlzeitplan (für Eltern)	116
Anhang A-4:	Die sechs Persönlichkeitstypen nach J. Holland	117
Anhang A-6:	Onlinetests zur Selbsteinschätzung (Stiftung Warentest)	119

Anhang B - Internetlinks zum Thema Berufsorientierung 121
Anhang B-1:	Kostenfreie Informationsangebote	121
Anhang B-2:	Kommerzielle Informationsangebote	122
Anhang B-3:	Internet-Links mit Online-Berufseignungstests	122

Anhang A - Referenzen zum Text

Anhang A-1: Merkblatt über die Rechte der Bewerber bei psych. Testverfahren

[Quelle: Hossiep, Rüdiger: Berufseignungsdiagnostische Entscheidungen. Göttingen: Hogrefe Verlag. 1995. S.390]

7 Tips für Bewerber
Psychologische Testverfahren bei Einstellungsuntersuchungen
Merkblatt für Bewerber

Bei Einstellungen werden heute oft psychologische Testverfahren angewandt. Sie helfen, die Stärken und Schwächen von Bewerberinnen / Bewerbern möglichst objektiv zu erkennen. Richtig eingesetzt, kann ein psychologisches Testverfahren das Unternehmen dabei unterstützen, für die konkrete Aufgabe die besten Bewerberinnen / Bewerber herausfinden. Es kann auch den Bewerberinnen / Bewerbern selbst die Möglichkeit geben, eigene Fähigkeiten besser einschätzen zu können.

Wir wollen Sie darüber informieren, welche Rechte Sie als Bewerberin / Bewerber bei der Durchführung von psychologischen Testverfahren haben und wie Sie Ihre Rechte wahren können.

1. Sie haben ein Recht darauf, daß Ihnen rechtzeitig mitgeteilt wird, ob im Rahmen eines Bewerbungsverfahrens psychologische Testverfahren eingesetzt werden. Man muß Ihnen auch vorher mitteilen, welche Art von psychologischen Testverfahren durchgeführt werden. Der Arbeitgeber geht davon aus, daß Sie über wesentliche Aspekte dieser Testverfahren informiert sind.

2. Eignungstests dürfen bei Einstellung nur Fragen bzw. Aufgaben enthalten, die für die ausgeschriebene berufliche Position die tatsächlich benötigten Kenntnisse und Fähigkeiten erfassen. Wenn Sie den Eindruck haben, daß Fragen oder Aufgaben gestellt werden, die nichts mit der künftigen Tätigkeit zu tun haben, fragen Sie bitte beim Testleiter nach.

3. Fragen und Aufgaben müssen grundsätzlich mit der im Grundgesetz garantierten Würde des Menschen und seinen Persönlichkeitsrechten vereinbar sein. Daher sind keine Fragen nach religiösen oder politischen oder anderen ganz persönlichen Einstellungen erlaubt - schon gar nicht Fragen aus dem Intimbereich.

4. Sie haben ein Recht auf Information über die wichtigsten Ergebnisse der Testuntersuchung. Der Arbeitgeber ist verpflichtet, Ihnen Ihre Testergebnisse global zu erläutern. Sie haben aber kein Anrecht darauf, nach einer psychologischen Testuntersuchung in Ihre Testergebnisse Einblick zu nehmen. Es sei denn, Sie haben Ihre Einwilligung nur unter der Voraussetzung gegeben, daß Sie die Testergebnisse anschließend erfahren und die Testunterlagen einsehen können.

5. Sie können verlangen, daß Ihre Original-Testunterlagen vernichtet werden, wenn Sie bei der Bewerbung nicht berücksichtigt wurden.

6. Das Untersuchungsergebnis darf - wenn Sie eingestellt worden sind - nur in Ihre Personalakte genommen werden. Sie können auch verlangen, daß Ihre Original-Testunterlagen vernichtet werden.

7. Wenn Sie das Unternehmen verlassen, sollten Sie darauf bestehen, daß Ihre psychologischen Testergebnisse vernichtet werden.

Anhang A-2: Elternfragebogen zur Berufswahlreife ihres Kindes

[Quelle: Bundesagentur für Arbeit: Mach´s richtig – Eltern & Berufswahl (Ausgabe Oktober 2006). Nürnberg: Promotion Software. 2006. S.4-7]

Der große Fragebogen zur Ausbildungsreife!

Anleitung: In diesem Fragebogen sind wichtige Bestandteile der Ausbildungsreife erklärt. In der Spalte „Kann Ihr Kind das?" sind Beispiele aufgeführt, die zeigen, welche Art von Alltagsaufgaben Ihr Kind bereits bewältigen können sollte. Wenn Sie meinen, Ihr Kind kann etwas im Prinzip, kreuzen Sie [Ja] an. Haben Sie Zweifel, machen Sie das Kreuz bei [Nein].

DAS FORDERN DIE BETRIEBE:

Mit Texten und Medien umgehen:
Die Fähigkeit, Texte in deutscher Sprache zu lesen, zu verstehen und mit ihnen zu arbeiten.

KANN IHR KIND DAS?

- Aus einem Handbuch herausfinden, wie beim neuen Handy die Gesprächskosten abgerufen werden
- Für ein Referat Informationen in verschiedenen Medien nachschlagen und kurz zusammenfassen

Sich ausdrücken und zuhören können:
Die Fähigkeit, sich in deutscher Sprache verständlich auszudrücken und Antworten von Gesprächspartnern zu verstehen.

- Von einer Schulveranstaltung zusammenhängend und umfassend berichten
- Nachfragen, wenn eine wichtige Information fehlt

Mathematische Grundkenntnisse:
Die Fähigkeit, Formeln wie den Dreisatz sicher anzuwenden und zur Lösung von Problemen das in der Schule Gelernte einzusetzen.

- Beim Einkaufen im Kopf überschlagen, was der Einkauf ungefähr kostet
- Ausrechnen, welche Mengen an Kleister, Tapete und Farbe für die Renovierung eines Zimmers benötigt werden

Bearbeitungsgeschwindigkeit:
Die Fähigkeit, Routinearbeiten zügig zu erledigen.

- Hausaufgaben erledigen, ohne zu trödeln
- Alltägliche Arbeiten wie Abwasch oder Aufräumen schnell erledigen

Merkfähigkeit:
Die Fähigkeit, sich zu erinnern, was man gelesen hat oder was einem jemand erzählt oder erklärt hat.

- Einen kleineren Einkauf erledigen, ohne sich das Benötigte notieren zu müssen
- Für eine schon einmal durchgeführte Reparatur das richtige Werkzeug einsetzen

Altersgerechter Entwicklungsstand und gesundheitliche Voraussetzungen:
Die Fähigkeit, einen Acht-Stunden-Arbeitstag gut durchzuhalten, und die für eine Ausbildung nötige körperliche Gesundheit.

- Nach einem anstrengenden Schultag bei Spiel und Sport mit Gleichaltrigen mithalten
- Nach Meinung des Arztes ohne Gesundheitsgefährdung eine Ausbildung machen

DAS FORDERN DIE BETRIEBE: KANN IHR KIND DAS?

Durchhaltevermögen und Frustrationstoleranz:
Die Stärke, ein Ziel zu erreichen und sich durch Misserfolge oder Rückschläge nicht entmutigen zu lassen.

- An einer Aufgabe dranbleiben, bis sie vollständig erledigt ist
- Herausfinden, warum zum Beispiel ein Fahrrad nicht mehr funktioniert, und das Problem beheben

Selbstorganisation und Selbstständigkeit:
Die Fähigkeit, den Alltag selbst zu organisieren und übertragene Aufgaben aus eigenem Antrieb pünktlich zu erledigen.

- Sich ohne Ermahnung auf den nächsten Schultag vorbereiten (Hausaufgaben erledigen, Schultasche packen ...)
- Selbstständig Termine vereinbaren und Absprachen treffen

Sorgfalt:
Der Anspruch, Aufgaben gewissenhaft, genau und mit dem Ziel eines fehlerfreien Arbeitsergebnisses zu erledigen.

- Im Werkunterricht pfleglich mit Werkzeugen und Arbeitsmaterialien umgehen
- Hefteinträge sauber anfertigen und auf Fehler überprüfen

Teamfähigkeit:
Die Fähigkeit, mit Kollegen zielgerichtet und konstruktiv zusammenzuarbeiten.

- Zugunsten des Teams auch einmal den Ball abgeben und auf den Torschuss verzichten
- Bei Problemen mit den Hausaufgaben um Hilfe bitten und Unterstützung anbieten, wo man selbst gut ist

Kommunikationsfähigkeit:
Die Fähigkeit, sich mit Sprache, Mimik und Gestik klar auszudrücken, die Wünsche anderer zu verstehen und entsprechend darauf zu reagieren.

- Offen auf andere Menschen zugehen und auf sie eingehen
- Seine Meinung in einer Diskussion verständlich und überzeugend vertreten, jedoch auch die Ansichten der Gesprächspartner ernst nehmen

Umgangsformen:
Das Geschick, dem jeweiligen Gegenüber höflich und mit Respekt zu begegnen und Rücksicht auf die Umgebung zu nehmen.

- Wissen, dass man mit Freunden anders redet als mit Lehrern oder Nachbarn
- Sich bei besonderen Gelegenheiten entsprechend kleiden und benehmen

HAT IHR KIND DIE NÖTIGE REIFE FÜR EINE EIGENSTÄNDIGE BERUFSWAHL?

Die Voraussetzungen für eine erfolgreiche Berufswahl sind Selbsteinschätzungs- und Informationskompetenz – Fähigkeiten, die Ihr Kind auch später im Ausbildungsbetrieb braucht.

DAS FORDERN DIE BETRIEBE:

Selbsteinschätzungskompetenz:
Die Fähigkeit, eigene Kenntnisse und Fertigkeiten realistisch einzuschätzen.

KANN IHR KIND DAS?
- Einschätzen, was es wirklich gut kann und wo es sich eher schwertut
- Die Gründe für die Wahl eines Ausbildungsberufs nachvollziehbar erklären

Informationskompetenz:
Die Fähigkeit, Informationen zu beschaffen und zielgerichtet auszuwerten.

- Genau beschreiben, welche Anforderungen im Wunschberuf gestellt werden
- Unterschiedliche Informationsmöglichkeiten wie Internet, Fernsehen, Tageszeitung zielgerichtet nutzen

So werten Sie den Fragebogen aus: Zählen Sie die Kästchen mit [Ja] und [Nein]. Wenige Male [Nein] sind kein Problem, denn Jugendliche entwickeln sich unterschiedlich schnell. Bei mehreren hilft ein Gespräch mit Lehrkräften oder der Berufsberatung bei der Suche nach Lösungen.

Quelle: Der Fragebogen wurde entwickelt in Anlehnung an den Kriterienkatalog zur Ausbildungsreife, ein Konzept für die Praxis, erarbeitet vom Expertenkreis „Ausbildungsreife" im Auftrag des Pakt-Lenkungsausschusses, vorgelegt zur Sitzung des Pakt-Lenkungsausschusses am 30. Januar 2006, Nürnberg/Berlin, im Januar 2006.

Anhang A-3: Berufswahlzeitplan (für Eltern)

[Quelle: Bundesagentur für Arbeit: Mach´s richtig – Eltern & Berufswahl (Ausgabe Oktober 2006). Nürnberg: Promotion Software. 2006. S.3]

Wann?	Was?	Das muss ihr Kind leisten:	So können Eltern helfen!
Vorabgangsklasse 1. Halbjahr	Informieren	• Sich darüber klar werden, welche Interessen für die Berufswahl wichtig sind • Lernen, die eigenen Fähigkeiten richtig einzuschätzen • Informationen über Berufe sammeln	• Über die verschiedenen Ideen und Ansätze reden • Mit Ihrer Tochter/Ihrem Sohn über die Einschätzung von Stärken und Schwächen sprechen • Regelmäßig nachfragen, was es Neues zum Thema „Berufswahl" gibt
Vorabgangsklasse 2. Halbjahr	Entscheiden	• Für Berufe, die in der engeren Wahl sind: klären, welche schulischen Leistungen erwartet werden • Sich für einen Beruf entscheiden und auch an mögliche Alternativberufe denken	• Motivieren für den Sondereinsatz in der Schule: Dieses Zeugnis kommt in die Bewerbungen! • Eventuell Nachhilfe organisieren • Ansprechpartner im Entscheidungsprozess sein
Abgangsklasse 1. Halbjahr	Bewerben	• Herausfinden, welche Betriebe im angestrebten Beruf ausbilden und welche Anforderungen diese Betriebe stellen • Aussagekräftige Bewerbungsunterlagen zusammenstellen • Sich auf Auswahltests und Vorstellungsgespräche vorbereiten	• Dafür sorgen, dass die Aufgabe „Bewerben" ernst genommen wird • Bewerbungsunterlagen prüfen. Wer unsicher ist, bittet eine/-n Lehrer/-in, einen Blick darauf zu werfen. • Im Bekanntenkreis nach Ausbildungsfirmen fragen

Anhang A-4: Die sechs Persönlichkeitstypen nach J. Holland

[Quelle: Jörin, Stoll, Bergmann, Eder: Explorix. Bern: Verlag Hans Huber. 2006. S.23]

Die Grundlage von EXPLORIX®

EXPLORIX® beruht auf einer wissenschaftlichen Theorie über Menschen und Berufstätigkeiten. Sie wurde in Amerika bereits in den 1960er-Jahren von Dr. John L. Holland entwickelt und ist heute (mit international über 500 wissenschaftlichen Studien) eine einflussreiche Berufswahl-Theorie. Die Grundidee ist einfach: Bei der Untersuchung der Persönlichkeit wurden sechs verschiedene Gruppen bzw. Typen gefunden, die mit den Buchstaben «R, I, A, S, E, C» abgekürzt werden (vgl. Tabelle 1 S. 15). Jeder Mensch wird entsprechend seiner Persönlichkeit einem Typ zugeordnet. Berufe können in der gleichen Weise charakterisiert werden. Zu jedem Persönlichkeits-Typ gibt es deshalb eine passende Gruppe von Berufen: Berufe, die ihn grundsätzlich interessieren und seinen Fähigkeiten entsprechen. In Tabelle 2 sind die sechs Gruppen von Berufen näher erklärt.

Tabelle 2: Sechs Gruppen von beruflichen Tätigkeiten nach John Holland

Code R (Realistic): **handwerklich-technisch**

Bei Berufen dieser Art geht es um konkrete Gegenstände, die von Hand oder mit Werkzeugen bearbeitet werden. Oft hat man dabei mit Maschinen oder technischen Geräten zu tun. Solche Berufe erfordern handwerkliches Geschick und Verständnis für Technik. Manche Berufe spielen sich auch im Freien ab und erfordern körperliche Robustheit und Ausdauer.
Berufsbereiche: Handwerk, Technik, Landwirtschaft.
Beispiele: Schreiner/in, Mechaniker/in, Landwirt/in, Elektriker/in.

Code I (Investigative): **untersuchend-forschend**

Bei Berufen dieser Art geht es um Probleme, die mit Hilfe von logischem Überlegen, neuen Ideen, genauem Beobachten und wissenschaftlichen Methoden untersucht werden. Diese Berufe erfordern ein hohes Maß an Denkfähigkeit und Neugier sowie die Bereitschaft, sich in ein Fachgebiet einzuarbeiten und viel darüber zu lernen.
Berufsbereiche: Wissenschaft, Forschung.
Beispiele: Physiker/in, Forscher/in, Laborant/in.

Code A (Artistic): **künstlerisch-kreativ**

Bei Berufen dieser Art geht es um künstlerische Gestaltung mit Hilfe von Materialien, Musikinstrumenten oder dem eigenen Körper, nach den Maßstäben von Ästhetik und Perfektion. Meist will der/die Künstler/in damit Ideen zum Ausdruck bringen, etwas gestalten und verschönern, oder die Gesellschaft kulturell bereichern. Diese Berufe erfordern hohe künstlerische, kreative, musikalische oder sprachliche Begabung sowie unermüdliches Üben und Verbessern der künstlerischen Fähigkeiten.
Berufsbereiche: Kunst, Musik, Theater, Schriftstellerei.
Beispiele: Musiker/in, Schauspieler/in, Designer/in, Schriftsteller/in.

Code S (Social): **erziehend-pflegend**

Bei Berufen dieser Art geht es darum, anderen Menschen zu helfen – sie zu pflegen, zu beraten oder auszubilden. Im Zentrum steht das seelische, geistige oder körperliche Wohlbefinden von Kindern und Erwachsenen. Diese Berufe erfordern grosse Hilfsbereitschaft, ein hohes Einfühlungsvermögen und geschickten Umgang mit den Mitmenschen.
Berufsbereiche: Bildung/Schule, Beratung, Gesundheitswesen.
Beispiele: Lehrer/in, Krankenpfleger/in, Psychotherapeut/in, Sozialarbeiter/in.

Code E (Enterprising): **führend-verkaufend**

Bei Berufen dieser Art geht es um wirtschaftliche Ziele, ums Organisieren, Leiten und Verkaufen. Man will andere überzeugen und motivieren (z. B. zum Kauf eines Produkts oder zum Erbringen einer Leistung). Berufe dieser Art erfordern wirtschaftliches Denken und überzeugendes Auftreten, häufig auch organisatorische und verwaltende Fähigkeiten.
Berufsbereiche: Management, Verkauf.
Beispiele: Hotelmanager/in, Politiker/in, Verkäufer/in, Werbeagent/in.

Code C (Conventional): **ordnend-verwaltend**

Bei Berufen dieser Art geht es um geordneten und systematischen Umgang mit Zahlen, Daten oder Informationen. Im Zentrum stehen zuverlässige Ausführung, Verwaltung oder Buchhaltung sowie gute Organisation und Kontrolle.
Berufsbereiche: Kaufmännische, Büro- und Schalterberufe.
Beispiele: Sekretär/in, Kaufmännische/r Angestellte/r, Kassierer/in, Korrespondent/in.

Anhang A-5: Vorzeitig gelöste Ausbildungsverträge

[Quelle: Bundesinstitut für Berufsbildung: Vorzeitig gelöste Ausbildungsverträge 1979-2005 (Stand: Mai 2005). Zugriff am 17.09.2007 auf: http://www.bibb.de/dokumente/pdf/a22_ausweitstat_schaubilder_ab0316.pdf]

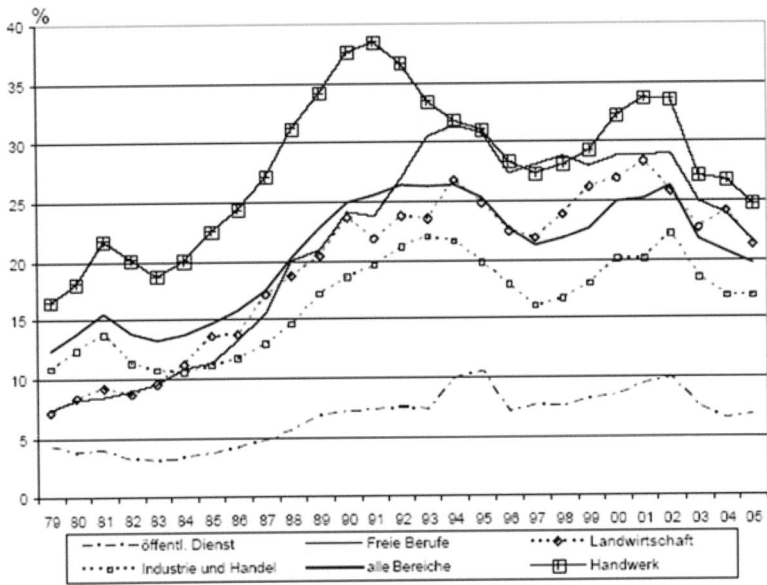

Anhang A-6: Onlinetests zur Selbsteinschätzung (Stiftung Warentest)

[Quelle: Stiftung Warentest/Finanztest: Onlinetests zur Selbsteinschätzung (Stand: November 2004). Zugriff am 11.09.2007 auf:
http://www.test.de/filestore/f200411035.pdf?path=/protected/43/41/42ee0b
d0-75aa-453c-b6f5-37c93c7f020c-
protectedfile.pdf&key=BAD111E4D7E2FD82DFABA35A0FE6542F8B4AB27D]

● **Welche Arbeit könnte mir liegen? – Zehn Tests zur Selbsteinschätzung im Internet**
Der eine arbeitet lieber allein, der andere blüht im Team erst auf. Nicht jeder weiß, ob er für seinen Traumberuf geeignet ist. Onlinetests können Nutzern

Anbieter	Hogrefe Verlag[1]	Unicum Verlag GmbH	Allianz Versicherungs-AG	Verlag Hans Huber	HVB Profil Gesellschaft für Personalmanagement mbH
Name des Tests	Bochumer Inventar zur berufsbezogenen Persönlichkeitsbeschreibung (BIP+)	Welcher Job passt zu mir?	Allianz Perspektiven-Test für junge Berufstätige	Explorix – das Werkzeug zur Berufswahl und Laufbahnplanung	HVB Profil Potenzial-Analyse
Internetadresse	www.hogrefe.de/bip-online	http://jobtest.unicum.de	www.allianz.de/start/perspektiven_tests	www.explorix.de www.explorix.ch	www.hvbprofil.de/ StepInto.asp?NL=YES&level= 2&navID=25&region=1
Preis (Euro)	98,00	Kostenlos	Kostenlos	9,80	Kostenlos
Dauer des Tests (Minuten)	45	100	90	20	45
Ziele und Zielgruppe	Standortbestimmung und Hilfestellung für die Karriereplanung	Hilfe zur Selbsteinschätzung für junge Erwachsene	Orientierungshilfe für junge Berufstätige	Berufswahl und Karriereplanung für Jugendliche und Erwachsene	Für Einsteiger und zur beruflichen Neu- und Umorientierung
Ergänzende Beratung	Ergebnisrückmeldung durch qualifizierte Personen	Per E-Mail Nachfragen zu Testergebnissen möglich, bei weiterem Bedarf Telefonat	Per E-Mail Nachfragen zu Testergebnissen möglich	Verweis auf Berater	Persönliches Auswertungsgespräch möglich sowie Coaching
Systemvoraussetzungen[2]	Keine	Java/Javascript aktiviert, ActiveX/Plugins erlaubt	Java/Javascript aktiviert, ActiveX/Plugins erlaubt	Javascript aktiviert	Keine
Finanztest-Qualitätsurteil	**GUT (1,9)**	**GUT (2,0)**	**GUT (2,3)**	**GUT (2,5)**	**BEFRIEDIGEND (3,1)**
Testverfahren (75 %)	gut (2,0)	gut (2,1)	gut (2,5)	+	befriedigend (3,4)
Konzept und Umsetzung	++	++	+	+	+
Anwendung	⊙	⊙	⊙	⊙	⊙
Auswertung	+	+	+	+	⊙
Datenschutz	++	+	+	+	+
Softwareergonomie (15 %)	gut (1,6)	gut (1,8)	gut (1,6)	gut (1,8)	gut (2,3)
Produktinformation (10 %)	befriedigend (3,1)	gut (2,2)	gut (2,4)	befriedigend (2,8)	gut (2,2)

Sehr gut = ++ (0,5–1,5). Gut = + (1,6–2,5). Befriedigend = ⊙ (2,6–3,5). Ausreichend = ○ (3,6–4,5). Mangelhaft = – – (4,6–5,5).
1) Der Test soll nach Angaben des Anbieters vor allem über die Personalverantwortliche oder Diplom-Psychologen durchgeführt werden. Tatsächlich können ihn interessierte aber auch direkt nutzen.

jeden Alters Hinweise für ihr Berufsleben geben. Ein endgültiges Urteil können sie nicht fällen.

Kammer für Arbeiter und Angestellte für Oberösterreich	Geva-Institut	Geva-Institut	Werner Stangl	CNT Gesellschaft für Personal- und Organisationsentwicklung mbH
My Way – Der AK-Berufs-interessentest	Wiedereinstiegs-Test	Neue-Chancen-Test	Situativer Interessentest (SIT)	Captain Online Talents
www.arbeiterkammer.com	www.geva-institut.de/privatkunden	www.geva-institut.de/privatkunden	http://arbeitsblaetter.stangl-taller.at	www.meinepotenziale.de
Kostenlos	38,00 plus 6,00 bei Versand der Auswertung per Post	38,00 zzgl. 6,00 bei Versand der Auswertung per Post	Kostenlos	87,00
15	30	30	10	30
Basis für Berufs-, Aus- und Weiterbildungsberatung für Jugendliche und Erwachsene	Orientierungshilfe für Frauen nach der Babypause	Für Berufstätige, die über eine berufliche Neuorientierung nachdenken	Erste Orientierung für Jugendliche und Erwachsene	Persönliche Standortbestimmung für alle Interessierten
Die AK-Bildungsberater und -beraterinnen stehen zur Verfügung	Verstandnisfragen können telefonisch oder schriftlich gestellt werden, darüber hinaus kostenpflichtige Beratungsmöglichkeit	Verstandnisfragen können telefonisch oder schriftlich gestellt werden, darüber hinaus kostenpflichtige Beratungsmöglichkeit	Keine	Auf Anfrage stehen geschulte Berater und Beraterinnen zur Verfügung
Keine	Javascript aktiviert, Übertagung mit SSL 3.0, RC4 und 128 bit Verschl.	Javascript aktiviert, Übertagung mit SSL 3.0, RC4 und 128 bit Verschl.	Cookies und Javascript aktiviert	Cookies aktiviert
BEFRIEDIGEND (3,1)	BEFRIEDIGEND (3,4)	BEFRIEDIGEND (3,4)	AUSREICHEND (3,6)	AUSREICHEND (3,9)
befriedigend (3,4)	ausreichend (3,9)	ausreichend (4,0)	ausreichend (4,1)	ausreichend (4,4)
⊕	⊕	⊕	⊕	⊕
○	○	⊕	⊕	–
○	⊕	⊕	–	–
+	+	+	–	⊕
gut (2,3)	gut (2,0)	gut (1,9)	gut (2,1)	gut (2,4)
befriedigend (2,9)	befriedigend (1,6)	gut (1,7)	gut (2,5)	ausreichend (4,2)

2) Nicht extra benannte Systemvoraussetzungen sind ein Internetzugang und ein aktueller Internetbrowser. Einige Testverlangen eine E-Mail-Adresse und/oder den PDF-Reader.

Anhang B - Internetlinks zum Thema Berufsorientierung

Anhang B-1: Kostenfreie Informationsangebote

www.berufswahl.de (Seite der „Bundesagentur für Arbeit" zum Thema Berufswahl)

www.berufenet.arbeitsagentur.de (Seite der „Bundesagentur für Arbeit"; Datenbank mit ausführlichen Informationen zu Berufen von A-Z)

www.interesse-beruf.de (Seite der „Bundesagentur für Arbeit"; Liste mit Ausbildungsberufen, die zu Interessen passen)

www.berufswahlnavigator.de (unabhängiger Informationsdienst)

www.machs-richtig.de (Test: „Welcher Beruf passt zu mir?"/Interessen herausfinden; u. a. Selbsterkundungsprogramm)

www.berufswahl-aktiv.de (hessischer Berufswahlpass für Schüler)

www.orientiere-dich.de (für Fachoberschüler und Abiturienten)

www.berufswahl-tipps.de (Tipps und Links für die Berufswahlentscheidung)

www.neue-ausbildungsberufe.de (Informationen über die neuen Ausbildungsberufe der letzten 3 Jahre und über Berufe allgemein)

www.girlsfirst.mainz.de (Berufsfindung speziell für Mädchen)

www.berufsbildung.de (Linksammlung für Berufswahl und Jobsuche)

www.azubitage.de (Informationen über Berufsbilder, Ausbildungsmöglichkeiten, Messen etc.)

www.handwerkspower.de (Jobtest, Berufsbeschreibungen, Ausbildungsstellen)

www.arbeitsagentur.de (Ausbildungsplatzsuche)

www.lehrstellenfuchs.de (freie Ausbildungsstellen, Bewerbung)

www.praktikum.info (Infos zum Praktikum)

www.bibb.de/de/ausbildungsinfos-online.htm (Linksammlung des Bundesinstituts für Berufsbildung zum Thema Ausbildung und Berufswahl)

Anhang B-2: Kommerzielle Informationsangebote

www.explorix.de (spezielle Version für Deutschland für die Agentur für Arbeit; kostenlose Printversion bei den Arbeitsagenturen vor Ort)

www.geva-institut.de (professioneller Anbieter welcher auch mit vielen Schulen zusammenarbeitet)

www.einstellungstesttraining.de (Einstellungstests, auf verschiedene Berufsbilder abgestimmt)

www.profilpass.de (Angebot vom Bertelsmann-Verlag)

Anhang B-3: Internet-Links mit Online-Berufseignungstests

http://www.unicum.de/beruf/jobtest/test_info.php

http://www.uni-protokolle.de/eignungstest/

http://www.allianz.de/start/perspektiven_tests/test_fuer_schueler/index.html?foe=71&stype=40

http://de.tickle.com/test/rightjob.html

http://www.focus.de/D/DB/DB19_neu/db19.htm

http://www.berufsberatung24.de/berufseignungstest.php

http://www.bibb.de/de/ausbildungsinfos-online.htm